Barbara Baumann

Frühlingsleichte Sommerküche

BUSSECOLLECTION

Inhaltsverzeichnis

Liebe Leserinnen, liebe Leser,

ist es nicht herrlich, wenn die Natur aus dem Winterschlaf erwacht, die Tage wieder länger werden und der Frühling mit seinen ersten wärmenden Sonnenstrahlen für gute Laune sorgt? Dann bin ich kaum noch zu bremsen: Pflanztöpfe werden aus dem Winterquartier geholt, Kräuter und Tomaten ausgesät, und nichts geht über die Freude zuzusehen, wie sich die zarten Sämlinge so langsam entwickeln.

Die milde Frühlingssonne verwandelt die Natur in ein blühendes Paradies, also nichts wie raus an die frische Luft. Blühende Obstbäume stimmen so richtig auf die Jahreszeit ein, und viele Wochen voller Gartenfreuden liegen nun vor uns. Auf den Wochenmärkten räumt das Wintergemüse so langsam seinen Platz für das erste frische heimische Gemüse, und es beginnt auch kulinarisch der Frühling. Ab April wird auf den Feldern der erste, lang ersehnte, Spargel gestochen, und schon in diesen Wochen quellen die Marktstände über. Die Auswahl an grünen Salaten und Gemüsesorten vergrößert sich ständig: Radieschen, Kopfsalat, Mairübchen, Frühlingszwiebeln, Blumenkohl, Zuckerschoten oder Kohlrabi, und natürlich auch Rhabarber und Erdbeeren, werden in manches kulinarisches Highlight verwandelt.

Die Sommersonnenwende läutet am 21. Juni den Sommeranfang ein. Leuchtende Schönheiten im Kübel verwandeln die Terrasse oder den Balkon in eine herrliche Freiluft-Oase, die geradezu zum Feiern mit Freunden und Familie einlädt. Alles, was man für ein fröhliches Gartenfest in geselliger Runde braucht, sind kleine Gaumenfreuden, erfrischende Drinks und gute Laune. Und wie wäre es mit einer kleinen Auszeit am See? Herzhafte, pikante oder süße Häppchen sind für ein Familienpicknick genau das Richtige.

Hobbygärtner ernten endlich den Lohn für die viele mühevolle Arbeit, und die Fülle sonnengereifter Früchte, Gemüse oder aromatischer Kräuter lädt zum Ausprobieren und Experimentieren ein. Tomaten, Auberginen, Zucchini, Gurken und Paprika haben jetzt Hochsaison. Und zum jungen Gemüse gesellen sich Kirschen, Himbeeren, Johannisbeeren, Brombeeren, Heidelbeeren, Pfirsiche, Aprikosen oder Nektarinen. Es gibt so viel zu ernten, dass nun die große Zeit des Konservierens und Einkochens beginnt. Hübsch verziert sind die hausgemachten Köstlichkeiten im Glas oder in der Flasche ein nettes Mitbringsel für Freunde oder Bekannte.

Ich koche für mein Leben gern, liebe gutes Essen, und gerade deshalb sind mir gesunde und frische Zutaten ganz besonders wichtig, am besten aus der Region und Bio. Für dieses Buch habe ich wieder in meinem Rezeptsammelsurium gestöbert und einige meiner Lieblingsgerichte herausgesucht, die ich dann in „meinem kleinen grünen Kochsalon" mit viel Liebe zubereitet und schon mal mit der Familie probiert habe ...

Denn, wie heißt es so schön: Essen ist Genuss – und gutes Essen macht glücklich!

Viel Spaß beim Lesen und eine genussvolle Zeit wünscht
Ihre Barbara Baumann

GRÜNE ENERGIE

Ob im Topf auf der Fensterbank oder aus dem Gartenbeet, die grünen Boten des Frühlings bringen jede Menge Farbe und Aromen auf den Teller und sorgen dafür, dass unser Organismus nach dem langen Winter wieder so richtig auf Trab kommt. Für einen mobilen Küchengarten benötigt man nichts weiter als Pflanzschalen, loses Saatgut, Komposterde, eine Hand voll Sand und eine Glasscheibe oder ein Stück Klarsichtfolie. Welche Kräuter man aussät, hängt natürlich vom persönlichen Geschmack ab. Die grünen Schätze aus dem Topfquartier, Gartenbeet, Wäldern oder saftigen Wiesen haben ein wesentlich frischeres Aroma als die verpackten Kräuter aus dem Supermarkt, und eine Küche ohne Schnittlauch, Kresse, Bärlauch und Co. ist für mich undenkbar. Fein gehackt, geben die kleinen Geschmackswunder Salaten, Saucen, Quark oder Fleisch- und Fischgerichten eine feine, würzige Note.

Bärlauch-Rahmsüppchen

Für 4 Portionen
150 g Bärlauch
500 g Kartoffeln, mehlig kochend
2 mittelgroße Schalotten
2 EL Butter
1 l Gemüsebrühe
100 ml Weißwein
200 ml süße Sahne
Salz
Muskatnuss, frisch gerieben
Pfeffer aus der Mühle

Schalotten schälen und fein würfeln. Kartoffeln schälen, waschen und in Würfel schneiden. Butter in einem Topf erhitzen und die Schalotten darin anbraten. Kartoffeln unterrühren, anschwitzen, mit Wein ablöschen und etwas einkochen lassen. Gemüsebrühe hinzufügen und das Ganze zugedeckt ca. 15 Min. köcheln lassen.

Den Bärlauch sorgfältig waschen, trocken schleudern und in feine Streifen schneiden. Ein paar Bärlauchblätter zum Garnieren zurückbehalten. Den Bärlauch zur Suppe geben. Die Suppe mit dem Mixstab pürieren und anschließend die süße Sahne unterrühren. Nochmals aufkochen lassen und mit Salz, Muskat und Pfeffer abschmecken.
Mit Bärlauchstreifen oder ganz nach Belieben mit einem Häubchen saurer Sahne servieren.

Lachsfilet mit Bärlauchkruste

Backofen auf 180 ℃ vorheizen.

Fischfilets waschen, trocken tupfen und mit Salz und Pfeffer würzen. Den Bärlauch gründlich waschen, trocken schütteln und die Blätter in feine Streifen schneiden. Butter, Semmelbrösel, Pinienkerne, Zitronenabrieb und Bärlauch im Mixer zu einer cremigen Masse pürieren. Mit Salz und Pfeffer abschmecken.

Olivenöl in einer Pfanne erhitzen und die Fischfilets auf jeder Seite etwa 1–2 Min. anbraten. Eine ofenfeste Form einfetten und die Fischfilets darauf setzen. Die Filets mit der Bärlauchcreme bestreichen und im vorgeheizten Backofen ca. 5 Min. garen. Dann den Grill einschalten und die Kruste etwa 2–3 Min. gratinieren. Dazu schmecken Spargelgemüse, ein Risotto oder neue Kartoffeln. Die restliche Bärlauchcreme hält sich im Kühlschrank mindestens eine Woche und kann beispielsweise für ein Kartoffelpüree oder Pastagericht verwendet werden.

Für 4 Portionen

4 Lachsfilets ohne Haut
  (à ca. 150 g)
100 g Bärlauch
20 g Pinienkerne
100 g weiche Butter
4 EL Semmelbrösel
1 TL Zitronenabrieb (Bio)
2 EL Olivenöl
grobes Meersalz
Pfeffer aus der Mühle
Olivenöl zum Einfetten

BÄRLAUCH-RISOTTO

Schalotten schälen und fein hacken. Bärlauch putzen, waschen, trocken schütteln, Blätter in Streifen schneiden und mit 2 EL Olivenöl pürieren.

In einem Topf das restliche Olivenöl erhitzen und die Schalottenwürfel darin anschwitzen. Reis dazugeben und unter Rühren einige Minuten andünsten. Mit Wein ablöschen und die Flüssigkeit unter Rühren einkochen lassen. Nach und nach heiße Brühe zugießen, der Reis darf nicht am Boden kleben, deshalb immer fleißig rühren. Nach ca. 20–30 Min. sollte der Reis die richtige Konsistenz haben, aber noch bissfest sein. Den Topf vom Herd nehmen, Parmesan und Bärlauchpüree unterrühren. Risotto mit Salz und Pfeffer abschmecken und anrichten. Zum würzigen Risotto passen Pilze, Spargel oder Meeresfrüchte.

FÜR 4 PORTIONEN

200 g Risotto-Reis
2 Schalotten
100 ml Weißwein
³/₄ l Gemüsebrühe
50 g geriebenen Parmesan
4 EL Olivenöl
ca. 50 g Bärlauch
Salz
Pfeffer aus der Mühle

BÄRLAUCH-KRÄUTERBUTTER

1 Bund Bärlauch, ca. 100 g
250 g weiche Butter
1 TL Zitronenabrieb (Bio)
1 TL Dijonsenf
Meersalz
Pfeffer aus der Mühle

Bärlauch putzen, waschen, trocken schütteln und fein hacken. Gehackten Bärlauch unter die weiche Butter rühren, mit Salz, Pfeffer, Zitronenabrieb und Dijonsenf abschmecken.

Kräuterbutter auf ein Stück Klarsichtfolie oder Backpapier geben, zu einer Rolle formen und die Enden zusammendrehen. Die Butter bis zum Verzehr im Kühlschrank aufbewahren. Sie lässt sich aber auch gut einfrieren. Bärlauch-Kräuterbutter schmeckt auf frisch gebackenem Brot, zum Grillsteak, Fisch oder Gemüse.

BÄRLAUCH –
Kräuterbutter

Pesto selbst herzustellen ist ganz einfach, denn außer frischen Zutaten benötigt man nur Olivenöl, frisch geriebenen Käse, geröstete Kerne, Salz und Pfeffer. Spaghetti mit Pesto ist ein schnelles und leckeres Essen, aber man kann mit der beliebten Würzsauce auch Fleischgerichte und Suppen verfeinern. Pesto in saubere Gläser füllen, mit Öl bedecken und im Kühlschrank aufbewahren, so hält es sich ca. 2-3 Wochen.

BÄRLAUCHPESTO

1 Bund Bärlauch, ca. 100 g
50 g geröstete Pinienkerne
½ TL Zitronenabrieb (Bio)
40 g geriebenen Grana Padano
ca. 150 ml Olivenöl
grobes Meersalz
Pfeffer aus der Mühle

Bärlauchblätter gründlich waschen, trocken schleudern und grob hacken.

Bärlauch, Zitronenabrieb und etwas Öl in ein hohes Rührgefäß geben. Mit dem Mixer pürieren. Die gerösteten Kerne dazugeben, etwas Salz und Pfeffer hinzufügen und alles fein pürieren. Anschließend den Käse und das Olivenöl nach und nach unterrühren, bis die gewünschte Konsistenz entsteht und zum Schluss das Pesto abschmecken.

SALSA VERDE

Knoblauch und Schalotten schälen. Schalotten fein würfeln und den Knoblauch fein hacken. Petersilie waschen, trocken schütteln, von den Stielen zupfen und fein hacken.

Olivenöl in einer Pfanne erhitzen, den Knoblauch und die Schalotten darin goldgelb braten. Abkühlen lassen und in ein hohes Gefäß geben. Die Eier pellen, grob würfeln, mit der Petersilie dazugeben und mit Salz und Pfeffer würzen. Anschließend mit dem Stabmixer pürieren. Nach und nach die Brühe unterrühren, bis die Sauce die richtige Konsistenz erreicht hat. Zum Schluss mit Salz und Pfeffer abschmecken. Salsa Verde schmeckt gut als Brotaufstrich, zu gegrilltem Fleisch oder Fisch.

3 hart gekochte Eier
4-5 Knoblauchzehen
3-4 Schalotten
1 Bund Petersilie
100 ml Olivenöl
100 ml Gemüse- oder Fleischbrühe
grobes Meersalz
Pfeffer aus der Mühle

PETERSILIENPESTO

1 Bund glatte Petersilie
2 Knoblauchzehen
½ TL Zitronenabrieb (Bio)
40 g klein gehackte, geröstete
        Walnusskerne
40 g geriebener Parmesan
ca. 120 ml Olivenöl
grobes Meersalz
Pfeffer aus der Mühle

Petersilie waschen, trocken schütteln und die Blätter von den Stielen zupfen. Knoblauchzehen schälen und klein hacken. Petersilie, Knoblauch, Zitronenabrieb und etwas Olivenöl in ein hohes Rührgefäß geben und mit dem Stabmixer kurz pürieren. Walnusskerne, etwas Salz und Pfeffer hinzufügen und alles fein pürieren. Parmesan und so viel Olivenöl unterrühren, bis eine cremige Konsistenz entsteht.

MINESTRONE MIT PETERSILIENPESTO

Den Spargel schälen, waschen, holzige untere Enden entfernen und die Spargelstangen in 2–3 cm lange Stücke schneiden. Staudensellerie waschen, an der Vorderseite die Fäden ziehen und in mundgerechte Stücke schneiden. Möhren putzen, schälen, waschen, längs halbieren und in Würfel schneiden. Kartoffeln schälen, waschen und grob würfeln. Den Brokkoli putzen, in Röschen teilen und waschen. Die Zuckerschoten waschen, die unteren Enden entfernen und halbieren. Die dicken Bohnen aus den Häutchen lösen.

Olivenöl in einem großen Topf erhitzen, zuerst die Kartoffeln, Möhren und dann Oregano darin andünsten. Sellerie und Zuckerschoten dazugeben und kurz mitdünsten. Brokkoli, Spargel und Bohnen zufügen, andünsten und die Brühe aufgießen. Das Gemüse zugedeckt bei mittlerer Hitze ca. 20–30 Min. garen.

Die vorbereiteten Tomaten in Streifen schneiden und kurz vor Ende der Garzeit dazugeben. Mit Salz und Pfeffer abschmecken. Minestrone anrichten, etwas Pesto darüber träufeln und mit Frühlingszwiebelröllchen garnieren.

300 g weißer Spargel
3 Stangen Staudensellerie
3 Möhren
200 g Kartoffeln, festkochend
1 TL Oregano, gerebelt
150 g Brokkoli
100 g Zuckerschoten
3 EL dicke Bohnen
1 l Hühner- oder Gemüsebrühe
3-4 EL Olivenöl
2 gehäutete, entkernte Tomaten
Salz
Pfeffer aus der Mühle
1 EL Frühlingszwiebelröllchen
etwas Petersilienpesto

SCHNITTLAUCH-LÖWENZAHN-KRÄUTERBUTTER

Die Blüten waschen und trocken schütteln. Petersilie ebenfalls waschen, trocken schütteln, die Blätter abzupfen und fein hacken. Anschließend die violetten und gelben Blüten abzupfen und zusammen mit der Petersilie unter die weiche Butter mischen, mit etwas Salz und Pfeffer abschmecken. Auf frischem Brot einfach köstlich.

250 g weiche Butter
10 Schnittlauchblüten
10 Löwenzahnblüten
4 Stängel glatte Petersilie
Salz
Pfeffer aus der Mühle

Käsebällchen
im Kräutermantel

Für 8-10 Käsebällchen

400 g Ziegenfrischkäse
frische Kräuter (z.B. Schnittlauch,
Bärlauch oder Kresse)
Pfeffer aus der Mühle
Olivenöl

Den Ziegenfrischkäse in einem
sauberen Küchentuch gut ausdrücken.
Aus der Masse gleich große Kugeln
formen. Die Kräuter waschen,
trocken schütteln und fein hacken.
Die Käsebällchen in den gehackten
Kräutern wälzen. Mit Pfeffer
bestreuen, anrichten und zum Schluss
etwas Olivenöl darüber träufeln.

Weiß-blaue Osterfreuden

Frühlingsluft, zarte Blüten und die ersten wärmenden Sonnenstrahlen locken uns jetzt regelrecht ins Freie. Und wenn im Frühlingsgarten die Knospen von Tag zu Tag größer werden, sich öffnen und die Vögel um die Wette zwitschern, fiebert man bereits dem ersten festlichen Höhepunkt des Jahres entgegen. Gerade für das Osterfest bieten sich schnelle und einfache Dekoideen. Bei uns dominiert in diesem Jahr ein weiß-blauer Blütenmix, und passend zum Geschirr habe ich ausgeblasenen Gänse- und Hühnereiern eine österliche Note verliehen. Das macht bedeutend mehr Spaß als alles fertig zu kaufen.

Und was wäre ein geselliges Ostern ohne Festschmaus? Meine Lieben verwöhne ich mit einer frühlingsfrischen Vorspeise, einem Hauptgang nebst Dessert, und ein traditioneller, herzhafter Osterkranz darf natürlich auch nicht fehlen. Nach der Fastenzeit darf dann auch mal wieder geschlemmt werden.

Wachteleier im Salatnest

Salat putzen, waschen, trocken schleudern und zerpflücken. Zwiebel schälen, halbieren und in feine Streifen schneiden. Feigenessig, Salz, Pfeffer und Öl mit dem Schneebesen zu einem Dressing verrühren und abschmecken. Salat und Zwiebelstreifen mit dem Dressing vermengen. Den Salat mit halbierten Wachteleiern anrichten.

Für 4 Portionen
12 hart gekochte Wachteleier
½ Kopfsalat oder 100 g gem. Salat
½ Lollo Rosso
1 kleine rote Zwiebel
3 EL Olivenöl
3 EL Walnussöl
2 EL Flor de Balsamico (Feigenessig)
Salz
Pfeffer aus der Mühle

OSTERKRANZ MIT FRISCHEN KRÄUTERN

500 g Mehl
25 g Hefe
250 ml Milch
50 g zimmerwarme Butter
1 Ei
1 TL Salz
Pfeffer aus der Mühle
1 Msp. Muskat, frisch gerieben
1 Msp. gemahlener Koriander
½ Bund Petersilie
½ Bund Schnittlauch
1 Eigelb und etwas Milch
  zum Bestreichen

Mehl in eine Schüssel sieben und in die Mitte eine Vertiefung drücken. Die Hefe hinein bröckeln und mit lauwarmer Milch und etwas Mehl verrühren. An einem warmen Ort etwa 15–20 Minuten gehen lassen.

Butter, Ei, Gewürze und Salz dazugeben und alles gut verkneten. Die Petersilie waschen, trocken schütteln, Blätter von den Stielen zupfen und fein hacken. Den Schnittlauch waschen, trocken schütteln und in feine Röllchen schneiden. Die Kräuter ebenfalls unterkneten. Den Teig zugedeckt an einem warmen Ort bis zum doppelten Teigvolumen aufgehen lassen.

Backofen auf 180 °C vorheizen. Etwa zwei Drittel des Teiges zu drei 40 cm langen, den restlichen Teil zu drei 30 cm langen Rollen formen und jeweils zu Zöpfen flechten. Den langen Zopf kreisförmig auf ein mit Backpapier ausgelegtes Blech legen und den kurzen Zopf darauf setzen. Die Zopfenden mit Wasser befeuchten und zusammendrücken. Den Kranz nochmals ca. 20 Min. gut aufgehen lassen.

Eigelb mit Milch verrühren und den Osterkranz damit bestreichen. Im vorgeheizten Backofen ca. 35 Min. backen. Den Kranz für das Ostermenü aufschneiden, mit Butter bestreichen und als Beilage zum Salat servieren.

Putenrollbraten mit Spinatfüllung

Für 6 Portionen

1 kg Putenrollbraten
     (schon vorbereitet)
150 g Blattspinat
2 Schalotten
1 Knoblauchzehe
40 g Serrano-Schinken
8 getrocknete Tomaten
2 EL frische Kräuter, feingehackt
     (z.B. Thymian, Rosmarin,
     Basilikum)
3 EL Dijon Senf
100 ml Weißwein
250 ml Hühnerbrühe
1 EL Akazienhonig
150 g Crème fraîche
Salz
Pfeffer aus der Mühle
3 EL Olivenöl
Küchengarn

Spinat putzen, waschen, in kochendem Salzwasser blanchieren, in Eiswasser abschrecken, gut ausdrücken und grob hacken. Tomaten in feine Streifen schneiden. Schalotten und Knoblauch schälen und fein würfeln. Serrano-Schinken in Würfel schneiden. 1 EL Öl in einer Pfanne erhitzen. Schinken, Schalotten, Knoblauch und Tomaten dazugeben und einige Minuten andünsten. Den Spinat untermischen und so lange dünsten, bis die Flüssigkeit verdampft ist. Die Mischung sparsam mit Salz und Pfeffer würzen. Pfanne vom Herd nehmen und abkühlen lassen.

Backofen auf 200 °C vorheizen. Das Putenfleisch waschen, trocken tupfen, ausbreiten und pfeffern. Die Kräuter mit 2 EL Senf mischen und das Fleisch damit bestreichen. Darauf die Spinat-Mischung verteilen. Fleisch aufrollen und mit Küchengarn fixieren. Den Braten salzen und pfeffern. Restliches Olivenöl in einem Bräter erhitzen und den Rollbraten rundherum kräftig anbraten, dann mit Weißwein und Brühe ablöschen. Im vorgeheizten Backofen ca. 60 Min. garen. Zwischendurch wenden und immer wieder mit der Bratenflüssigkeit übergießen. Etwa 5 Min. vor dem Garzeitende den Rollbraten mit Honig bestreichen. Den Bräter aus dem Backofen nehmen, Rollbraten herausnehmen und warm halten.

Den Bratenfond reduzieren lassen, Crème fraîche und 1 EL Senf unterrühren und die Sauce mit Salz und Pfeffer abschmecken.

Küchengarn entfernen, den Braten in Scheiben schneiden und mit der Sauce anrichten. Dazu schmecken Möhrchen und Kartoffelpüree.

Eierlikör-Schichtdessert

Die Cookies zerbröseln. Mascarpone und Joghurt in eine Schüssel geben. Vanillezucker, Rohrzucker, Zitronenabrieb und Zitronensaft hinzufügen und alles mit dem Handmixer zu einer glatten Creme verrühren. Die Sahne in einem Rührbecher steif schlagen und behutsam unter die Mascarponemasse heben.

Den Boden der Gläser gleichmäßig mit Keksbröseln bedecken. Darauf die Hälfte der Creme verteilen, diese mit dem Eierlikör bedecken und darauf die restliche Creme schichten. Die Desserts mit Schokoraspeln und Röllchen garniert servieren.

Für die kleinen Gäste gibt es statt Eierlikör eine Mango-Fruchtsauce.

Für 4 Portionen
8 Schoko-Cookies
200 g Mascarpone
100 g Naturjoghurt
200 ml süße Sahne
1 Pck. Vanillezucker (Bio)
40 g Rohrzucker
1 TL Zitronenabrieb (Bio)
Saft ½ Zitrone
8 cl Eierlikör
50 g Zartbitterschokolade, geraspelt
8 Schokoröllchen zum Garnieren

Für ca. 250 ml Sauce
1 vollreife Mango (ca. 450 g)
1 Pck. Vanillezucker (Bio)
1 Spritzer Zitronensaft

Mango schälen und das Fruchtfleisch in Würfel schneiden. Mangowürfel und Vanillezucker im Mixer fein pürieren und zum Schluss mit Zitronensaft abschmecken.

Brotzeit am Rapsfeld

Ein sonniger Tag im Mai gehört ohne Zweifel zu den schönsten Seiten des Frühjahrs und lockt uns zu einem ersten, gemeinsamen Familienausflug. Vorbei an strahlend gelben Rapsfeldern, grünen Wäldchen und kleinen Dörfern. Direkt am Feldrand schlagen wir unser Lager auf und genießen unser rustikales Picknick. Umgeben von dieser herrlichen Landschaft wird selbst ein einfaches Ciabatta-Sandwich zur Delikatesse. Und als herrlich spritzige Erfrischung gibt es selbst gemachte Waldmeisterlimo. Hier fällt es nicht schwer, den Alltag einfach abzuschütteln und die gemeinsamen Stunden zu genießen.

Ciabatta-Sandwich

Für 4 Sandwiches
1 Ciabatta (ca. 250 g)
Frischkäseaufstrich
4 Salatblätter
1 Handvoll Rucola
2 Tomaten
¼ Salatgurke
1 Handvoll Radieschen

Frischkäseaufstrich
250 g Frischkäse
1 Bund Schnittlauch
1 Knoblauchzehe
½ TL Zitronenabrieb (Bio)
1 El Olivenöl
Salz
Pfeffer aus der Mühle

Schnittlauch waschen, trocken schütteln und in feine Röllchen schneiden. Knoblauch schälen und fein hacken oder durch die Presse drücken.

Den Frischkäse in eine Schüssel geben, mit Schnittlauch, Knoblauch, Zitronenabrieb und Olivenöl vermengen. Zuletzt wird der Frischkäseaufstrich mit Salz und Pfeffer abgeschmeckt.

Salatblätter und Rucola putzen, waschen und trocken schleudern. Tomaten waschen, Stielansatz entfernen und in Scheiben schneiden. Gurke gründlich waschen und in Scheiben schneiden. Radieschen putzen, waschen und ebenfalls in Scheiben schneiden.

Ciabatta aufschneiden, die untere Hälfte mit dem Frischkäse bestreichen. Mit Rucola, Tomaten-, Gurken- und Radieschenscheiben sowie einem Salatblatt belegen. Die andere Ciabattahälfte darauf setzen, andrücken und in vier gleich große Teile schneiden.

Die Zutaten lassen sich nach Herzenslust austauschen und bei Belieben mit Hähnchenbrust oder Kochschinken ergänzen.

Waldmeisterlimo

Die frischen Waldmeisterstängel gut waschen, dann trocken schütteln und 1–2 Tage trocknen lassen. Nur dann entfaltet Waldmeister sein volles Aroma. Die Zitrone waschen und in Scheiben schneiden.

Wasser und Zucker in einem Topf so lange köcheln, bis ein klarer Sirup entsteht. Dann Waldmeister und Zitronenscheiben hinzufügen. Den Topf abdecken und mindestens einen Tag durchziehen lassen. Den Sirup durchseihen, nochmals aufkochen und in vorbereitete Flaschen abfüllen.

Für die Limonade Waldmeistersirup und Limettensaft in ein Glas geben, gut vermischen und das Mineralwasser aufgießen.

Sirup
1 Bund Waldmeister
1 Zitrone (Bio)
1 kg Zucker
1 l Wasser

Für 1 Glas
1-2 EL Waldmeistersirup
1 Spritzer Limettensaft
kaltes Mineralwasser

MARKTFRISCH

Nach der langen Winterzeit freut man sich gern über den bunten Mix heimischer Gemüsesorten, die bereits Ende April auf den Bio- und Wochenmärkten angeboten werden. Endlich präsentieren die Auslagen der Marktstände wieder eine breite Vielfalt gesunder Frühlingsgemüse wie Spinat, Kopfsalat, Erbsen, würzige Radieschen oder Blumenkohl. Zarte Mairübchen, Kohlrabi oder Zuckerschoten haben im Frühjahr ein ganz besonders frisches Aroma und für Spargelliebhaber beginnt nun eine herrliche Zeit. Der Einkauf auf dem Wochenmarkt ist für mich immer ein Erlebnis, und die frischen, regionalen Nährstoffwunder bringen Abwechslung in unseren Speiseplan, vertreiben die Frühjahrsmüdigkeit und machen wieder große Lust aufs Kochen.

GEMÜSE-CARPACCIO

FÜR 4 PORTIONEN
1 Bund Radieschen
1 Teltower Rübchen
½ Kohlrabi
½ rote Zwiebel
2 EL Zitronensaft
4 EL Rapsöl
1 Prise Zucker
Salz
Pfeffer aus der Mühle
1 EL Petersilie, fein gehackt

Kohlrabi und Teltower Rübchen
putzen, schälen und waschen.
Radieschen putzen und waschen.
Das Gemüse in dünne Scheiben
hobeln. Zwiebel schälen und in feine
Würfel schneiden. Für das Dressing
Zwiebelwürfel, Zitronensaft, Salz,
Pfeffer und etwas Zucker verrühren
und dann das Öl darunter schlagen.
Gemüse dachziegelartig auf einem
Teller anrichten, Dressing darüber
träufeln und kurz durchziehen lassen.
Mit Petersilie bestreut servieren. Dazu
schmeckt ein knuspriges Baguette.

RADIESCHENSALAT
MIT KRÄUTERDRESSING

FÜR 4 PORTIONEN
1,5 Bund Radieschen
½ Bio-Salatgurke
2 Frühlingszwiebeln
½ Knoblauchzehe
150 g Natur-Joghurt
2 EL Milch
2 EL Zitronensaft
2 EL Dill, fein gehackt
1 EL Zitronenmelisse, fein gehackt
Salz
Pfeffer aus der Mühle

Die Radieschen putzen, waschen und in Scheiben schneiden. Die Salatgurke waschen und ebenfalls in feine Scheiben schneiden. Frühlingszwiebeln putzen, waschen und Ringe schneiden. Die Radieschen- und Salatgurkenscheiben sowie die Zwiebelröllchen in eine mit Knoblauch ausgeriebene Schüssel geben. Aus Joghurt, Milch, Zitronensaft, Salz, Pfeffer und Kräutern eine Marinade anrühren. Die Marinade über den Salat geben und vermengen. Den Salat mit Dill garniert servieren.

Radieschen-Kräuter-Aufstrich

Für 4 Portionen

200 g Quark
½ Bund Radieschen
1 EL Schnittlauchröllchen
1 EL Petersilie, fein gehackt
1 EL Kerbel, fein gehackt
½ TL Zitronenabrieb (Bio)
1 Spritzer Zitronensaft
Salz
Pfeffer aus der Mühle

Quark, Kräuter und Zitronenabrieb in eine Schüssel geben, mit Salz und Pfeffer würzen und alles gut verrühren. Die geputzten Radieschen waschen, in feine Würfel schneiden und unterheben. Zum Schluss mit Salz, Pfeffer und Zitronensaft abschmecken und als Aufstrich für ein frisches Bauernbrot servieren.

Radieschenblätter-Pesto

1,5 Bund Radieschenblätter
50 g geröstete Sonnenblumenkerne
½ TL Zitronenabrieb (Bio)
Saft ½ Zitrone
ca. 120 ml Olivenöl
grobes Meersalz
Pfeffer aus der Mühle

Die Radieschenblätter waschen, trocken schütteln und grob hacken. Radieschenblätter, Zitronensaft, Zitronenabrieb, Sonnenblumenkerne, Salz, Pfeffer und etwas Olivenöl in ein hohes Rührgefäß geben und mit dem Stabmixer pürieren. Das restliche Olivenöl nach und nach unterrühren, bis die gewünschte Konsistenz erreicht ist. Dann mit Salz und Pfeffer abschmecken.

FRISCHER SPINAT SALAT

FÜR 4 PORTIONEN
125 g junger Spinat
1 Apfel
1 Orange
1 rote Zwiebel
2 EL Aceto Balsamico Bianco
4 EL Traubenkernöl
2 EL Akazienhonig
2 EL frisch gepresster Orangensaft
50 g gehackte Walnusskerne
Salz
Pfeffer aus der Mühle

Den Spinat verlesen, gründlich waschen und trocken schleudern. Die Walnusskerne in einer beschichteten Pfanne ohne Fett rösten. Die Zwiebel schälen und in feine Ringe schneiden. Die Orange schälen und das Fruchtfleisch filetieren. Äpfel waschen, vierteln, das Kerngehäuse entfernen und in dünne Spalten schneiden. Balsamico, Honig, Orangensaft, Salz, Pfeffer und Öl zu einer Marinade verrühren. Spinat, Orangenfilets, Apfelspalten, Zwiebelringe und Walnusskerne anrichten und das Dressing unter den Salat heben. Mit knusprigem Baguette servieren.

GRÜNER SPINAT-SMOOTHIE

FÜR 3 GLÄSER
150 g junger Spinat
2 reife Birnen
1 Banane
150 ml frisch gepresster
    Orangensaft
5 g Ingwer
2 Stängel Minze
2 Stängel Zitronenmelisse

Spinat verlesen, waschen, gut abtropfen lassen. Birnen schälen, halbieren, Kerngehäuse entfernen und in Stücke schneiden. Die Banane schälen und in Scheiben schneiden. Ingwer schälen und grob würfeln. Minze und Zitronenmelisse waschen, trocken schütteln und Blätter abzupfen. Spinat, Birnen, Banane, Ingwer und die Kräuter in einen Mixer geben, den Orangensaft hinzufügen und alles fein pürieren, bei Bedarf noch etwas stilles Wasser dazugeben.

Spinat-Tortilla

200 g junger Spinat
200 g Kartoffeln
2 Schalotten
1 Knoblauchzehe
3 EL Olivenöl
4 Eier
30 g Pinienkerne
Salz
Pfeffer aus der Mühle

Den Spinat verlesen, gründlich waschen und trocken schleudern. Die Kartoffeln schälen, waschen und reiben. Schalotten und Knoblauch schälen und würfeln. 2 EL Öl in einer Pfanne erhitzen, Schalotten und Knoblauch darin anbraten, Spinat und Kartoffeln dazugeben und unter Rühren zusammenfallen lassen. Die Spinat-Kartoffel-Masse herausnehmen, etwas abkühlen lassen und zusammendrücken.

Die Eier in eine Schüssel geben, schaumig schlagen, Pinienkerne und die Spinat-Kartoffel-Mischung unterheben. Alles mit Salz und Pfeffer würzen. Öl in einer Pfanne erhitzen und die Tortilla ca. 5 Min. stocken lassen, wenden und die zweite Seite ebenfalls braun werden lassen. Aus der Pfanne nehmen, in Stücke schneiden und servieren. Schmeckt auch kalt.

SPINAT-SOUFFLÉ

FÜR 4 FÖRMCHEN

2 Handvoll junger Spinat
75 g weiche Butter
4 Eier
Muskatnuss, frisch gerieben
150 g geriebenen Käse
50 ml süße Sahne
3 EL Crème fraîche
2 EL Mehl
½ TL Zitronenabrieb (Bio)
Salz
Pfeffer aus der Mühle

Die Förmchen einfetten. Backofen auf
180 °C vorheizen.
Spinat verlesen, waschen und
in kochendem Salzwasser kurz
blanchieren, in Eiswasser abschrecken,
gut abtropfen lassen und fein
hacken oder pürieren. Eier trennen.
Butter, Eigelb und eine Prise Muskat
schaumig schlagen. Den Spinat
untermengen und dann abwechselnd
geriebenen Käse, Sahne und Crème
fraîche unterrühren. Eiweiß mit einer
Prise Salz steif schlagen. Dann Eiweiß
und Mehl vorsichtig unterheben. Die
Masse mit Pfeffer, Zitronenabrieb und
wenig Salz würzen, in die gefetteten
Förmchen füllen und diese im
vorgeheizten Backofen ca. 30 Min.
goldbraun backen. Soufflé noch
heiß servieren.

Mangold-Quiche

Für eine Springform (26 cm Ø)

Teig
250 g Dinkelmehl Type 630
1 TL Backpulver
½ TL Salz
150 g Quark
1 Ei
6 EL Olivenöl

Füllung
500 g Mangold
2 Schalotten
2 Knoblauchzehen
2 EL Olivenöl
2 Eier
100 g Ricotta
100 ml süße Sahne
50 g geriebenen Käse
Salz
Pfeffer aus der Mühle
Muskatnuss, frisch gerieben

Mangoldblätter verlesen, gründlich waschen, trocken schleudern und in feine Streifen schneiden. Schalotten und Knoblauch schälen und in Würfel schneiden. Olivenöl in einer Pfanne erhitzen, Schalotten und Knoblauch darin anschwitzen. Mangold dazugeben und zusammenfallen lassen. Mit Salz und Pfeffer würzen. Backofen auf 200 °C vorheizen.
Mehl, Backpulver und Salz miteinander vermengen. Quark, Ei und Öl in einer Schüssel mit dem Knethaken des Handrührgerätes verrühren. Die Mehlmischung darauf sieben und das Ganze zu einem glatten Teig verkneten.
Den Teig auf einer bemehlten Arbeitsfläche etwas größer als die Backform ausrollen. Die gefettete Backform mit dem Teig auskleiden und den Rand hochziehen. Mit einer Gabel mehrfach in den Boden stechen.
Eier, Ricotta und Sahne in einer Schüssel schaumig schlagen und mit Salz, Pfeffer und Muskat würzen. Die Hälfte der Mischung auf dem Teigboden verteilen. Mangold darüber geben und mit der restlichen Ricotta-Sahne übergießen.
Die Mangoldquiche im vorgeheizten Backofen ca. 30 Min. backen. Dann den geriebenen Käse darüber streuen und weitere 10–15 Min. backen.

CRESPELLE MIT MANGOLD

FÜR 4 PORTIONEN

3 Eier
125 g Mehl
250 ml Milch
75 g Butter
500 g Mangold
250 g Champignons
100 g Crème fraîche
4 Stängel Petersilie
150 g geriebenen Käse
6 Scheiben mageren Kochschinken
2 Tomaten
Salz
Pfeffer aus der Mühle

Die Eier verquirlen, Mehl und Salz unterrühren. Milch zugießen und verrühren. In einer Pfanne 50 g Butter schmelzen und zufügen.
Den Teig ca. 30 Min. quellen lassen. Mangold verlesen, waschen und die Stiele abschneiden. Die Blätter in kochendem Salzwasser 2–3 Min. blanchieren, in Eiswasser abschrecken und gut abtropfen lassen.
Die Blattrippen flach schneiden. Petersilie waschen, trocken schütteln und fein hacken. Pilze putzen und vierteln. In einer Pfanne 1 EL Butter erhitzen und die Pilze darin anbraten, Crème fraîche zufügen und mit Salz, Pfeffer und Petersilie würzen.
Backofen auf 200 ℃ vorheizen.
Im restlichen Fett sechs dünne Pfannkuchen backen und mit je zwei Mangoldblättern, einer Scheibe Kochschinken, etwas geriebenem Käse und 2 EL Pilzen belegen. Die Pfannkuchen aufrollen und in eine ofenfeste Auflaufform legen. Die Tomaten waschen, den Stielansatz herausschneiden, dann die Tomaten kurz in kochendes Wasser geben, kalt abschrecken und die Schale entfernen. Tomaten in Würfel schneiden, zusammen mit dem restlichen geriebenen Käse über die Pfannkuchen streuen und im vorgeheizten Backofen ca. 15 Min. überbacken. Anrichten und mit einem grünen Salat servieren.

ERBSEN-KARTOFFEL-PÜREE MIT MINZE

FÜR 4 PORTIONEN

200 g Kartoffeln, mehlig kochend
400 g frisch ausgelöste junge
      Erbsen
1 Schalotte
1 Knoblauchzehe
250 ml Gemüsebrühe
2 EL Butter
2 EL Crème fraîche
etwas Milch
Salz
Pfeffer aus der Mühle
Muskatnuss, frisch gerieben
1 Stängel Minze

Schalotte und Knoblauch schälen und in feine Würfel schneiden. Die Kartoffeln schälen, waschen und grob würfeln. Die Hälfte der Butter in einem Topf erhitzen, Schalotten und Knoblauchwürfel darin glasig dünsten. Die Kartoffelwürfel dazugeben, mit Gemüsebrühe auffüllen und das Ganze ca. 15–20 Min. garen. Etwa 5 Min. vor dem Garzeitende 350 g Erbsen zu den Kartoffeln geben.

Die restlichen Erbsen in kochendem Salzwasser blanchieren und in Eiswasser abschrecken. Minze waschen, trocken schütteln, die Blätter abzupfen und fein hacken. Kartoffeln und Erbsen in ein Sieb schütten, durch die Kartoffelpresse in eine Schüssel drücken und mit Butter, Crème fraîche, etwas Milch und Minze zu einem cremigen Püree verrühren. Mit Salz, Pfeffer und Muskat abschmecken und zum Schluss die restlichen Erbsen unterheben. Püree anrichten und mit Minze garniert servieren. Erbsen-Kartoffel-Püree schmeckt als Beilage zu Fleisch oder Fisch.

Tortellini mit Spargelcreme und Salsiccia

Für 4 Portionen
400 g Tortellini mit Käsefüllung
2 EL Olivenöl
2 Salsiccia
¼ l Weißwein

Spargelcreme
700 g Spargel
2 kleine Schalotten
400 ml Hühnerbrühe
2 EL Butter
1 EL Olivenöl
Salz
Pfeffer aus der Mühle

Spargelstangen waschen, schälen, holzige Enden entfernen und in 2–3 cm große Stücke schneiden. Anschließend in einem Topf mit kochendem Salzwasser ca. 5–10 Min. garen, abgießen und abtropfen lassen. Ein Viertel des Spargels zur Seite legen. Schalotten schälen und in feine Würfel schneiden. Olivenöl in einer Pfanne erhitzen und die Schalotten darin anschwitzen. Die Spargelstücke dazugeben, schmoren lassen und dann nach und nach etwas Brühe auffüllen. Das Ganze mit dem Mixstab zu einer cremigen Sauce pürieren. Die Spargelcreme mit der Butter glatt rühren, mit Salz und Pfeffer abschmecken und den restlichen Spargel unterheben.

Die Tortellini nach Packungsanweisung in einem Topf mit kochendem Salzwasser garen, abseihen und gut abtropfen lassen. Das Bratwurst-Brät aus der Pelle drücken und daraus kleine Fleischklößchen formen. Olivenöl in einer Pfanne erhitzen und die Salsiccia-Klößchen ca. 5 Min. rundum anbraten. Mit Weißwein ablöschen, die Tortellini dazugeben und ebenfalls kurz mitbraten. Die Spargelcreme auf einem Teller anrichten, darauf die Tortellini und Salsiccia-Klößchen legen und ganz nach Belieben mit frischen Kräutern und Käsespänen garniert servieren.

Ofenspargel mit Orangensauce

Für 4 Portionen
1 kg weißer Spargel
2–3 EL Butter
grobes Meersalz
1 Prise Zucker
Alufolie

Orangensauce
Abrieb von 1 Orange (Bio)
250 ml frisch gepresster
        Orangensaft
1 Msp. fein gehackte Chilischote
1 mittelgroße Knoblauchzehe
50 g eiskalte Butter
Meersalz
1 Prise Zucker
Pfeffer aus der Mühle

Den Backofen auf 200 ℃ vorheizen. Den Spargel waschen, schälen und die unteren Enden entfernen. Zwei entsprechend große Stücke Alufolie doppelt falten und die Spargelstangen portionsweise mittig und flach nebeneinander auf die Folie geben. Mit Salz und etwas Zucker würzen und die Butter in Flöckchen auf dem Spargel verteilen. Alufolien fest verschließen und den Spargel im vorgeheizten Backofen ca. 30–35 Minuten garen.

Knoblauch schälen und durch die Presse drücken. Orangensaft, Orangenabrieb, Knoblauch und Chili in einen Topf geben und die Sauce bei mittlerer Hitze auf etwa die Hälfte reduzieren lassen. Die Butter in Würfel schneiden. Den eingekochten Orangensaft vom Herd nehmen und die Butterstückchen nach und nach mit einem Schneebesen zügig einrühren. Dann mit Salz, Pfeffer und Zucker abschmecken.

Den Spargel aus dem Ofen nehmen und mit der Orangensauce anrichten und nach Belieben mit Orangenscheiben und Orangenzesten garnieren. Dazu passen neue Kartoffeln, Hähnchenschnitzel oder Fischfilet.

Spargelsalat mit Mango

FÜR 4 PORTIONEN

500 g weißer Spargel
500 g grüner Spargel
10 g Butter
1 Prise Zucker
1 kleine Mango
2 Frühlingszwiebeln
2 EL Spargelwasser
½ TL Honig
2 EL Aceto Balsamico Bianco
1 Spritzer Zitronensaft
6 EL Traubenkernöl
Salz
Pfeffer aus der Mühle
Chili aus der Mühle

Den Spargel waschen, den weißen Spargel ganz und den grünen Spargel im unteren Drittel schälen. Holzige Enden entfernen und den Spargel in kochendes Salzwasser, dem etwas Butter und Zucker zugefügt wurde, geben und bei mittlerer Hitze 5–7 Min. bissfest garen. Vom Herd nehmen und abtropfen lassen.

Mango schälen und das Fruchtfleisch in Würfel schneiden. Frühlingszwiebeln putzen, waschen und in feine Ringe schneiden. Balsamico, Spargelwasser, Honig und Zitronensaft verrühren, mit Salz und Pfeffer würzen und das Öl darunter schlagen. Den gut abgetropften Spargel schräg in 3–4 cm große Stücke schneiden und zusammen mit Mango, Chili und Frühlingszwiebeln unter das Dressing mischen und abschmecken. Den Spargelsalat noch warm auf eine Platte geben und servieren. Dazu schmeckt ein knuspriges Weißbrot.

Für 8 Päckchen

1 Bund grüner Spargel
8 Scheiben Prosciutto
50 g geriebenen Grana Padano
2 EL getrocknete Tomaten in Öl,
    klein gehackt
1 EL Olivenöl
Salz
Pfeffer aus der Mühle

Spargel-Schinken-Päckchen

Den gewaschenen grünen Spargel am unteren Ende schälen und die holzigen Enden entfernen. Anschließend in kochendem Wasser blanchieren und in Eiswasser abschrecken. Dann die Spargelstangen in 4–5 cm lange Stücke schneiden. Je eine Portion Spargel auf den Schinken legen, mit etwas geriebenem Käse bestreuen und zu einem Päckchen wickeln. Öl in einer Pfanne erhitzen und die Spargel-Päckchen rundum knusprig braten. Die restlichen Spargelstangen in Stücke schneiden und mitbraten. Anschließend die getrockneten Tomaten untermischen. Die Spargel-Schinken-Päckchen aus der Pfanne nehmen, das Spargel-Tomaten-Gemüse abschmecken, Päckchen auf Tellern anrichten und das Gemüse drum herum verteilen.

Frühlingssuppe mit Grießklößchen

Für 4 Portionen
1,5 l Hühnerbrühe
2 junge Kohlrabi (ca. 300 g)
300 g frisch ausgelöste junge
　　Erbsen
Salz
1 EL Schnittlauch oder Petersilie,
　　fein gehackt

Hühnerbrühe
1 Bio-Suppenhuhn (ca. 1,4 kg)
1 Zwiebel
1 Bund Suppengrün
2 Lorbeerblätter
1 TL schwarze Pfefferkörner
3 Wacholderbeeren
Salz

Grießklößchen
250 ml Milch
20 g Butter
100 g Hartweizengrieß
1 Ei
1 Eigelb
Salz
Muskatnuss, frisch gerieben

Das Suppenhuhn mit kaltem Wasser gründlich abwaschen. Zwiebel ungeschält halbieren und die Schnittflächen in einer heißen beschichteten Pfanne goldbraun rösten. Möhren, Sellerie und Petersilienwurzel (falls im Suppengrün enthalten) schälen, waschen und grob würfeln. Lauch gründlich waschen und in Scheiben schneiden. Das Suppenhuhn mit dem Gemüse in einen großen Topf geben, so viel kaltes Wasser dazugeben, dass alles gut bedeckt ist, etwas salzen und langsam aufkochen. Den aufsteigenden Schaum abschöpfen. Dann die Hitze reduzieren, die Gewürze dazugeben und bei milder Hitze ca. 1,5–2 Std. offen köcheln lassen. Den Schaum immer wieder abschöpfen.

Milch, Butter, etwas Salz und Muskat in einem Topf aufkochen, Grieß einstreuen, unterrühren, bis sich die Masse vom Topfboden löst. Den Topf vom Herd nehmen, die Masse in eine Schüssel umfüllen und etwas abkühlen lassen. Zuerst das Ei, dann das Eigelb unter den Grieß rühren. Aus der Masse mit zwei angefeuchteten Teelöffeln kleine Grießklößchen formen, in kochendes Salzwasser geben und bei mittlerer Hitze gar ziehen lassen. Wenn sie oben schwimmen, sind sie fertig.

Kohlrabi schälen, waschen und in mundgerechte Stücke schneiden. Das Huhn aus der Brühe heben und die Hühnerbrühe durch ein feines Sieb in einen anderen Topf gießen. Das Fleisch von Haut und Knochen lösen und klein schneiden. Dann 1,5 Liter Brühe abmessen, in einen Topf umgießen und erhitzen. Den Kohlrabi in der Brühe ca. 12 Min. garen, dann die Erbsen dazugeben und weitere 3–4 Min. garen. Zum Schluss das Hähnchenfleisch und die Grießklößchen in der Suppe erwärmen. Die Suppe abschmecken und mit Schnittlauch oder Petersilie bestreut servieren.

Brokkolicremesuppe mit Kartoffelcroûtons

Für 4 Portionen
200 g Kartoffeln, festkochend
500 g Brokkoli
1 Zwiebel
1 Knoblauchzehe
500 ml Gemüsebrühe
200 ml süße Sahne
2 EL Olivenöl
5 Stängel Petersilie
Salz
Pfeffer aus der Mühle
Muskatnuss, frisch gerieben

Die Kartoffeln schälen, waschen und fein würfeln. In einer Pfanne 1 EL Öl erhitzen und die Kartoffelwürfel darin von allen Seiten kross braten. Croûtons aus der Pfanne nehmen und auf Küchenpapier abtropfen lassen. Mit Salz und Pfeffer würzen.

Brokkoli putzen, in Röschen teilen und waschen. Zwiebel und Knoblauch schälen und fein würfeln. Das restliche Öl in einem Topf erhitzen, Zwiebel- und Knoblauchwürfel darin kurz anrösten. Dann den Brokkoli untermischen und unter Rühren kurz anbraten. Anschließend die Gemüsebrühe und Sahne zugießen, alles aufkochen und zugedeckt etwa 15 Min. köcheln lassen. Die Petersilie waschen, trocken schütteln und fein hacken. Die Suppe mit dem Mixstab pürieren und mit Salz, Pfeffer und Muskat abschmecken. Mit Kartoffelcroûtons und frischer Petersilie servieren.

Brokkoli mit Tomaten und Rigatoni

Für 4 Portionen

200 g Rigatoni
500 g Brokkoli
1 EL Zitronensaft
40 g Butter
250 g Tomaten
3 Schalotten
1 Knoblauchzehe
200 g mageren Kochschinken
250 ml süße Sahne
½ Chilischote
Salz
Pfeffer aus der Mühle
1 Prise Zucker
Muskatnuss, frisch gerieben
1 EL Schnittlauchröllchen
Basilikumblätter und Parmesanspäne zum Garnieren

Schalotten und Knoblauch schälen und fein würfeln. Den Kochschinken ebenfalls in Würfel schneiden. Die Hälfte der Butter in einer Pfanne erhitzen und die Schalotten darin glasig anschwitzen. Knoblauch und Schinken dazugeben und kurz mitbraten. Chilischote entkernen, abspülen und in feine Würfel schneiden. Die Sahne und Chili zufügen, alles aufkochen und mit Muskat, Salz und Pfeffer abschmecken.

Rigatoni in einem Topf mit reichlich kochendem Salzwasser nach Packungsanweisung garen.

Den geputzten Brokkoli in Röschen teilen, waschen und in kochendem Salzwasser, dem eine Prise Zucker und Zitronensaft zugefügt wurde, bissfest garen. Anschließend in ein Sieb schütten und abtropfen lassen.

Tomaten waschen, den Stielansatz herausschneiden, dann die Tomaten 5 Sekunden in kochendes Wasser geben und kalt abschrecken. Die Tomaten abziehen, vierteln, entkernen und würfeln. Die restliche Butter erhitzen und die Tomaten darin erwärmen. Basilikum waschen, trocken schütteln, die Blätter abzupfen, klein hacken und unter die Tomaten heben.

Abgetropfte Rigatoni kurz in der Sauce schwenken und die Schnittlauchröllchen darüber streuen. Rigatoni mit Brokkoliröschen und Tomaten anrichten und mit Basilikum und Käsespänen garniert servieren.

Möhre putzen, schälen, waschen und in Streifen schneiden.

Das Fleisch aus der Marinade nehmen und trocken tupfen. Zuerst den Wok, dann das restliche Öl darin erhitzen und die Hähnchenstreifen rundherum braun anbraten, dabei häufig wenden und wieder herausnehmen.

Das vorbereitete Gemüse im Bratfett unter Wenden 1–2 Min. braten, mit einem Spritzer Sojasoße und etwas Gemüsebrühe ablöschen und das Gemüse unter Rühren bissfest garen. Frühlingszwiebeln unterheben, das Fleisch wieder zufügen und etwa 2–3 Min. fertig garen. Mit Salz, Pfeffer und Zucker abschmecken. Mit Koriander garniert auf Tellern anrichten und dazu Reis servieren.

WOK-GEMÜSE MIT HÄHNCHENSTREIFEN

FÜR 4 PORTIONEN
400 g Hähnchenschnitzel
1 Knoblauchzehe
1 EL frisch geriebenen Ingwer
1 TL Honig
4 EL Sojasauce
4 EL neutrales Öl
150 g Zuckerschoten
1 Möhre
5 Frühlingszwiebeln
150 g Brokkoli
100 ml Gemüsebrühe
Salz
Pfeffer
1 Prise Zucker
Koriandergrün zum Garnieren

Die Hähnchenschnitzel abbrausen und trocken tupfen und in mundgerechte Streifen schneiden. Knoblauch und Ingwer schälen und sehr fein hacken. Knoblauch und Ingwer in eine Schüssel geben, Honig, Sojasauce, 2 EL Öl hinzufügen und zu einer Marinade verrühren. Die Hähnchenstreifen mit der Marinade vermengen und abgedeckt im Kühlschrank etwa 1 Stunde ziehen lassen.

Die Zuckerschoten waschen, die unteren Enden entfernen und schräg in breite Streifen schneiden. Die Frühlingszwiebeln waschen, putzen und in Ringe schneiden. Brokkoli putzen, in kleine, mundgerechte Röschen teilen und waschen.

BLUMENKOHL-CURRY

FÜR 4 PORTIONEN

1 Blumenkohl
200 ml süße Sahne
200 ml Gemüsebrühe
2 Schalotten
1 Knoblauchzehe
Saft von 2 Limetten
2 EL Butter
1 TL Currypaste
1 Prise Zucker
Salz
½ Bund Koriander

CURRYPASTE

Ergibt etwa 100 g
2 kleine Chilischoten
2 EL Kreuzkümmel
2 EL gemahlener Koriander
2 EL Ingwer, fein gehackt
4 Knoblauchzehen
1 TL Dijonsenf, mittelscharf
2 EL Kurkuma
2 EL Apfelessig
5 EL Rapsöl
1 TL Pfefferkörner
grobes Meersalz

Kreuzkümmel, Koriander und Pfeffer in einer Pfanne ohne Öl rösten bis alles gut duftet. Chilischote halbieren, das innere Kerngehäuse, sowie die weißen Innenhäute entfernen, anschließend innen und außen unter kaltem Wasser abspülen und in feine Streifen schneiden. Knoblauch schälen und fein würfeln. Alle Zutaten in einen Mixer geben und unter Zugabe von Apfelessig und Rapsöl zu einer feinen Paste pürieren.

In ein Schraubglas füllen und im Kühlschrank aufbewahren.

Den Blumenkohl putzen, in Röschen teilen, waschen und in Scheiben schneiden. Schalotten und Knoblauch schälen und fein würfeln. Butter in einem Topf erhitzen. Blumenkohl, Schalotten und Knoblauch darin anrösten. Mit Salz und einer Prise Zucker würzen und bei mittlerer Hitze im eigenen Sud mit geschlossenem

Topfdeckel bissfest garen. Dann die Currypaste dazugeben und unterrühren. Gemüsebrühe und Sahne auffüllen und weitere 5 Min. köcheln. Mit Salz und Limettensaft abschmecken. Koriander waschen, trocken schütteln, die Blätter abzupfen und fein hacken. Vor dem Servieren mit Koriandergrün bestreuen. Diese vegetarische Speise passt zu Reis oder Pasta.

HERRLICH DUFTENDE BLÜTENSTERNCHEN VOM WEGESRAND

Holunderblüten schenkt uns die Natur gratis. Nicht nur auf dem Land, sondern auch in Gärten und Parkanlagen sind die Blüten des Schwarzen Holunders häufig zu finden. Pflücken sollte man die Holunderblüten um die Mittagszeit und nach Möglichkeit bei Sonnenschein, da sie dann ihr wundervolles Aroma ganz besonders entfalten.

HOLUNDERBLÜTENSIRUP

20 Holunderblütendolden
2 Zitronen (Bio)
1,2 kg Zucker
50 ml Zitronensaft
1 l Wasser

Zitronen waschen, trocken reiben und in Scheiben schneiden. Zitronenscheiben und verlesene, saubere Holunderblüten in ein großes Gefäß geben. Das Wasser mit dem Zitronensaft aufkochen, den Zucker auflösen, darüber gießen und das Gefäß mit Folie abdecken. Sirup mindestens 3–4 Tage kaltstellen und durchziehen lassen. Danach abseihen, in heiß ausgewaschene Flaschen abfüllen und kühl aufbewahren.

HOLUNDERBLÜTENSORBET

FÜR 4 PERSONEN
250 ml Holunderblütensirup
1 Stängel Minze
1 Limette (Bio)
250 ml Sekt (trocken)
80 ml Wasser
Minze zum Garnieren

Die Limette gründlich waschen, trocken reiben und 1 TL Schale fein abreiben, das Fruchtfleisch filetieren. Minze waschen, trocken schütteln und die Blätter abzupfen. Limettenabrieb, Fruchtfleisch, Minzblätter und Holunderblütensirup in ein Gefäß geben und mit dem Mixstab fein pürieren. Sekt und Wasser hinzufügen und alles gut vermischen. Die Masse in eine Edelstahlschüssel füllen und für mindestens 5 Stunden in das Gefrierfach stellen. Zwischendurch immer wieder kräftig durchrühren, damit die Eismasse cremig wird und gleichmäßig gefriert. Sorbet in Gläser füllen und mit frischer Minze garnieren.

HOLUNDERBLÜTENLIMO

ZUTATEN FÜR EIN GLAS:
1–2 EL Holunderblütensirup
1 Limette (Bio)
1 Stängel Minze
2 EL Crasheis
Mineralwasser

Die Limette waschen und vierteln.
Minze waschen und trocken schütteln.
Holunderblütensirup, Limettenviertel
und Crasheis in ein Glas geben und
gut vermischen. Mineralwasser
auffüllen und mit Minze servieren.

HOLUNDERBLÜTENLIKÖR

15 Holunderblütendolden
1 Zitrone
1 l Wasser
500 g brauner Kandiszucker
1 Flasche Korn

Das Wasser und den Saft einer
Zitrone über die sauberen
Holunderblütendolden gießen.
Alles 24 Stunden stehen lassen.
Danach durch ein sauberes Tuch
gießen und die Flüssigkeit in einem
Topf auffangen. Zusammen mit
dem Kandiszucker erwärmen, bis
sich dieser aufgelöst hat. 1 Flasche
Korn dazugeben. In saubere, sterile
Flaschen füllen und verschließen.

HOLUNDERBLÜTENSEKT

10 Holunderblütendolden
1 Zitrone (Bio)
125 ml Weißweinessig (5%ig)
600 g Zucker
5 l Wasser
1 Handvoll Zitronenmelisse
   oder Minze

Die Blütenstände mit dem Zucker
bestreuen. Die Zitrone in Scheiben
schneiden und mit allen anderen
Zutaten in ein Gefäß geben, zudecken
und an einem warmen Ort stehen
lassen. Zweimal täglich umrühren.
Nach 3 Tagen wird der Ansatz durch
ein Tuch gegossen und die Flüssigkeit
in dickwandige Flaschen gefüllt. Fest
verschließen und noch eine Woche am
warmen Ort, dann eine weitere Woche
kühl und dunkel stehend lagern.
Der genussfertige Sekt hat einen
Alkoholgehalt von etwa 0,8 Vol.-%.

UND IM SPÄTSOMMER HABEN SICH DIE ZARTEN STERNCHEN IN DUNKELVIOLETTE BEERENDOLDEN VERWANDELT.

HOLUNDERBEERENGELEE

HOLUNDERBEERENSAFT
1 kg Holunderbeeren
1200 ml Wasser
200 g Zucker
Saft von 2 Zitronen

Die Basis für ein Holunderbeerengelee ist Holunderbeerensaft. Die Holunderbeeren mit einer Gabel von den Stielen streifen, in ein Sieb geben und unter fließend kaltem Wasser abspülen. Die Beeren in einen Topf geben und das Wasser auffüllen. Den Topf 24 Stunden in den Kühlschrank stellen. Dann die Beeren mixen, Zucker und Zitronensaft dazugeben und die Masse aufkochen. Anschließend durch ein feines Tuch abseihen.

HOLUNDERBEERENGELEE
500 ml Holunderbeerensaft
250 (1:2) – 500 g (1:1) Gelierzucker
Abrieb von 2 Bio-Zitronen
Saft von 2 Zitronen

Holunderbeerensaft und Gelierzucker in einem großen Kochtopf gut verrühren. Zitronensaft und -abrieb zufügen, alles unter Rühren bei starker Hitze zum Kochen bringen und unter ständigem Rühren mindestens 3 Min. sprudelnd kochen. Heiß in vorbereitete Gläser füllen und gut verschließen, umdrehen und etwa 5 Min. auf den Deckeln stehen lassen.

HOLUNDERBEEREN-DRINK

SIRUP
1 Liter Holunderbeerensaft
1 kg Zucker

FÜR 1 GLAS
110 ml Milch
120 g Naturjoghurt
2 EL Holunderbeerensirup
Eiswürfel

Für den Holunderbeerensirup
Holunderbeerensaft und Zucker
aufkochen. Dann den Sirup in
vorbereitete Flaschen abfüllen.

Milch, Naturjoghurt und Sirup mixen.
Das Eis hinzufügen und nochmals
mixen, bis alles glatt und cremig ist.
In ein Glas füllen und genießen.

SÜß UND KÖSTLICH

Die Saison für frischen Rhabarber beginnt im April, auf den Wochenmärkten und auch im heimischen Garten. Ob als Kompott, Crumble oder leckere Zutat im Kuchen, der herb-fruchtige Geschmack des Stielgemüses wird immer beliebter. Selbst in Salaten oder als fruchtige Begleitung zu Fleischgerichten macht Rhabarber mittlerweile eine gute Figur.

Etwas später locken dann auch die roten, süßen Früchtchen. Rund 100 verschiedene Erdbeersorten gibt es, die sich in Geschmack und Farbe unterscheiden. Meine Lieblingssorten sind „Senga Sengana" und „Mieze Schindler" - eine Erdbeersorte, die fast in Vergessenheit geraten ist und alle neuen Sorten geschmacklich weit in den Schatten stellt. Erdbeeren sind gesund, und frisch gepflückt verbreiten die roten Früchte einen aromatischen Duft, dem man kaum widerstehen kann. Ob pur, als Konfitüre, im Salat, als Likör oder Smoothie - Erdbeeren sind einfach köstlich!

Und als Team ergänzen sich die süß-sauren Frühlingsgrüße perfekt.

Buchweizen-Pfannkuchen mit Rhabarber

Für 2 Portionen

100 g Buchweizenmehl
1 Ei
100 ml Milch
Salz
1 EL Zucker
etwas Butter
Puderzucker zum Bestäuben
300 g Rhabarber
40 g Rohrzucker
Mark von ½ Vanilleschote
1 Msp. Zimt

Das Ei trennen. Buchweizenmehl, Eigelb, Milch, eine Prise Salz und Zucker glatt rühren und ca. 15 Min. quellen lassen. Danach das Eiweiß mit einer Prise Salz steif schlagen und vorsichtig unter den Teig heben. Etwas Butter in einer Pfanne erhitzen und die Pfannkuchen bei mittlerer Hitze von beiden Seiten ausbacken und warm halten.

Rhabarber putzen, die Stangen waschen, den verdickten Stielansatz entfernen und in 2 cm große Stücke schneiden. Rhabarber in einen Topf geben, mit Zucker bestreuen, Vanillemark dazugeben, alles gut vermengen und 30 Min. stehen lassen. Die Rhabarbermischung zum Kochen bringen, gelegentlich rühren und nicht zu weich garen. Mit Zimt abschmecken.

Die Pfannkuchen anrichten, mit Puderzucker bestäuben und Rhabarberkompott servieren.

SCHARFE RHABARBER-APFEL-KONFITÜRE

250 g Rhabarber
250 g Äpfel
2 Schalotten
60 g Rosinen
1 TL frisch geriebenen Ingwer
1 Msp. Zimt
2 Gewürznelken
1 Chilischote
1/8 l Apfelessig
Saft von ½ Zitrone
85 g Rohrzucker
½ TL Salz
Pfeffer aus der Mühle

Den Rhabarber putzen, waschen und in kleine Stücke schneiden. Die Äpfel waschen, vierteln, das Kerngehäuse entfernen und in Würfel schneiden. Die Schalotten schälen und fein würfeln. Chilischote halbieren, das innere Kerngehäuse, sowie die weißen Innenhäute entfernen, gründlich unter kaltem Wasser abspülen und in sehr feine Streifen schneiden. Sämtliche Zutaten, außer dem Rohrzucker, in einen Topf geben und langsam zum Kochen bringen. Dann den Zucker unterrühren und die Masse bei milder Hitze so lange köcheln, bis die Konfitüre die richtige Konsistenz erreicht hat. Heiße Rhabarber-Apfel-Konfitüre in vorbereitete Gläser füllen. Passt besonders gut zu kurz gebratenem Fleisch oder Fisch, aber auch zu Käse.

Vom geputzten, gewaschenen und geschälten Rhabarber 1 kg abwiegen. In 1 cm kleine Stücke schneiden und in einem großen Topf mit dem Zucker vermischen. Etwa 60 Min. Saft ziehen lassen. Dann die Rhabarber-Zucker-Mischung unter ständigem Rühren zum Kochen bringen. Zunächst ist die Masse wässrig, wird nach einiger Zeit gelb und schließlich golden. Zwischendurch immer wieder umrühren. Sobald der Rhabarbersaft dick wie halbfester Honig ist, den Topf vom Herd nehmen und den Rhabarber-Honig in vorbereitete Gläser füllen.

RHABARBER-HONIG

1 kg Rhabarber
1 kg Zucker

Rhabarber-Crumble

Für eine Auflaufform (22 cm Ø)

400 g Rhabarber
2 EL Rohrzucker
1 Msp. Zimt

Streusel

70 g Mehl
60 g Butter
30 g Haferflocken
50 g Rohrzucker
Mark von ½ Vanilleschote
1 Msp. Zimt
½ TL Zitronenabrieb (Bio)

Backofen auf 190 ℃ vorheizen.
Rhabarber putzen, die Stangen waschen und in 1–2 cm große Stücke schneiden, mit dem Zucker mischen und in eine gefettete Auflaufform geben.
Mehl, Haferflocken, Zucker, Vanillemark, Zimt, Zitronenabrieb und Butter in eine Schüssel geben und mit den Händen zu Streuseln verarbeiten. Die Streusel auf dem Rhabarber verteilen. Im vorgeheizten Backofen 25–30 Min. goldbraun backen. Crumble nach Belieben mit Puderzucker bestäuben, entweder pur, mit Sahne oder Vanilleeis servieren.

BLATTSALAT MIT ERDBEEREN UND FETA

FÜR 2 PORTIONEN

150 g Blattsalat
 (z.B. Rucola, Lollo Rosso,
 Baby Spinat, Mangold usw.)
150 g Erdbeeren
90 g Feta
30 g Pinienkerne
2 EL Limettensaft
1,5 TL Honig
4 EL Traubenkernöl
Salz
Pfeffer aus der Mühle

Salat putzen, waschen, trocken schleudern, in mundgerechte Stücke zupfen und auf Teller verteilen. Erdbeeren waschen, verlesen, halbieren oder vierteln und auf dem Salat anrichten. Feta in grobe Würfel schneiden und auf dem Salat verteilen. Pinienkerne in einer beschichteten Pfanne ohne Fett kurz rösten und darüber streuen. Für das Dressing Limettensaft, Honig und Öl verrühren und mit Salz und Pfeffer abschmecken. Das Dressing über den Salat träufeln und zum Schluss noch etwas weißen Pfeffer darüber geben.

Erdbeer-Rhabarber-Tiramisu

Für 4 Portionen

16 Löffelbiskuits
3 schöne rote Rhabarberstangen
150 g Erdbeeren
4 EL frisch gepressten Orangensaft
Mark von 1 Vanilleschote
1 Zimtstange
60 g Rohrzucker
250 g Mascarpone
100 g Naturjoghurt
200 ml süße Sahne
4 EL Rohrzucker
2 EL Limettensaft
½ TL Zitronenabrieb (Bio)
geraspelte Schokolade oder Kakao
zum Bestäuben

Rhabarber putzen, die Stangen waschen, den verdickten Stilansatz entfernen und in 1–2 cm große Stücke schneiden. Erdbeeren putzen, waschen und je nach Größe halbieren, vierteln oder achteln. Zucker in einer Pfanne karamellisieren. Orangensaft, Vanillemark und Zimt zum Zucker geben und aufkochen. Solange köcheln, bis sich der Zucker aufgelöst hat. Dann den Rhabarber hinzufügen, aufkochen und nicht zu weich kochen, zum Schluss die Erdbeeren dazugeben. Alles kurz durchschwenken, die Pfanne vom Herd nehmen und lauwarm abkühlen lassen. Mascarpone, Joghurt, Rohrzucker, Zitronenabrieb und Limettensaft zu einer geschmeidigen Creme verrühren. Dann die Sahne steif schlagen und unterheben. 4 Löffelbiskuits pro Glas in grobe Stücke brechen. Darauf die Rhabarber-Erdbeermasse schichten und den Sud ebenfalls über die Biskuits geben. Zum Schluss Mascarpone-Creme dazugeben. Tiramisu für 3–4 Stunden in den Kühlschrank stellen und durchziehen lassen. Mit Schokolade oder Kakao bestäubt und mit Minze verziert servieren.

Erdbeer-Kokos-Kuchen

Für 1 Springform (18 cm Ø)
500 g Erdbeeren
40 g geröstete Kokosraspel
50 g weiche Butter
50 g Zucker
1 Pck. Vanillezucker (Bio)
1 Prise Salz
1 Ei
50 g Mehl
½ TL Backpulver
2–3 EL Milch
1,5 Pck. Tortenguss (rot)
375 ml Erdbeersaft
    (dafür 200 ml Wasser und
    175 ml Erdbeersirup,
    Rezept Seite 69, mischen)
Semmelbrösel

Backofen auf 180 °C vorheizen.

Butter, Zucker, Vanillezucker und eine Prise Salz in einer Schüssel cremig rühren. Dann das Ei unterrühren. Mehl und Backpulver mischen, in die Rührschüssel sieben, geröstete Kokosraspel und Milch dazugeben und unterrühren. Den Teig in eine gefettete Springform geben und im vorgeheizten Backofen etwa 20 Min. backen und in der Form auskühlen lassen.

Die Erdbeeren waschen, putzen und dann auf die gewünschte Größe schneiden. Um den erkalteten Tortenboden einen Ring legen, eine dünne Schicht Semmelbrösel auf den Teig streuen, damit der Teig nicht durchweicht und die Erdbeeren gleichmäßig darauf verteilen. Aus dem Tortenguss und Erdbeersaft nach Packungsanleitung einen Guss bereiten und die Erdbeeren damit vorsichtig übergießen. Den Kuchen 1–2 Stunden auskühlen lassen, bevor er angeschnitten und mit Sahne serviert wird.

ERDBEER-TRIFLE
MIT MÜSLI

FÜR 4 PORTIONEN
500 g Erdbeeren
5 EL Honig
250 g Mascarpone
250 g Magerquark
3 EL Milch
1 TL Zitronenabrieb (Bio)
3 EL Zitronensaft
Mark von 1 Vanilleschote
100 g Bio-Früchte-Müsli

Die Erdbeeren waschen, putzen und vierteln. Ein Drittel der Erdbeeren und 1,5 EL Honig mit dem Mixstab pürieren. Die restlichen Erdbeeren unter das Püree mischen.

Mascarpone, Quark, Milch, Vanillemark, Honig, Zitronenabrieb und -saft zu einer glatten Creme verrühren.
Müsli gleichmäßig in Gläser verteilen, die Quarkmischung darauf geben und mit der Erdbeermasse abschließen. Mit frischer Minze garniert servieren.

Schoko-Erdbeeren am Stiel

10-12 vollreife Erdbeeren
1 Tafel Schokolade
  zartbitter, feinherb
Holzspieße

Erdbeeren gründlich waschen und
gut abtropfen lassen. Die Schokolade
in kleine Stücke brechen und im
Wasserbad schmelzen.
Die Erdbeeren auf Spieße stecken,
in das Schokoladenbad eintauchen
und trocknen lassen. Eine süße
Gaumenfreude, die man schnell
zubereiten kann.

ERDBEER-SMOOTHIE

FÜR 2 GLÄSER

500 g Erdbeeren
1 Banane, ca. 120 g
200 ml Naturjoghurt
250 ml Milch
2-3 EL Honig
1 Stängel Zitronenmelisse

Erdbeeren putzen, waschen, abtropfen lassen und in Stücke schneiden. Die Banane schälen und ebenfalls in Stücke schneiden. Zitronenmelisse waschen, trocken schütteln und die Blätter abzupfen. Erdbeeren, Banane, Honig, Zitronenmelisse, Joghurt und Milch in ein hohes Gefäß geben und fein pürieren. Erdbeer-Smoothie in Gläser füllen, Eiswürfel dazugeben, gut umrühren und genießen. Nach Belieben mit Erdbeeren garnieren.

ERDBEER-MANGO-DESSERT

FÜR 4 PORTIONEN
250 g Erdbeeren
1 Mango
150 g Naturjoghurt
100 g Schmand
1 Pck. Vanillezucker (Bio)
Abrieb von 1 Limette (Bio)
Honig nach Bedarf

Mango schälen, das Fruchtfleisch in Würfel schneiden, in einem Sieb gut abtropfen lassen und den Saft auffangen. Die Mangowürfel zusammen mit Joghurt, Schmand, Vanillezucker und Limettenabrieb in einen Mixbecher geben und mit dem Mixstab pürieren. Die Creme in Gläser schichten und für ca. 60 Min. in den Kühlschrank stellen.

Die Erdbeeren waschen, putzen und vier Erdbeeren beiseite legen. Die restlichen Erdbeeren in grobe Stücke schneiden, mit dem Mangosaft in den Mixbecher geben und fein pürieren. Erdbeerpüree abschmecken und bei Bedarf mit etwas Honig nachsüßen.

Die Gläser aus dem Kühlschrank nehmen, Erdbeerpüree auf die Mangocreme geben und mit Erdbeeren garnieren.

ERDBEERSIRUP

1 kg reife Erdbeeren
700 ml Wasser
1 Zitrone (Bio)
1,2 kg Zucker

Erdbeeren waschen, putzen und klein schneiden. Zitrone waschen, trocken reiben und in Scheiben schneiden. Erdbeeren, Zucker und Zitrone in einem großen Topf mischen, Wasser zugießen und alles bei kleiner bis mittlerer Hitze sehr langsam aufkochen, zwischendurch ab und zu umrühren. Die Mischung 1–2 Tage kalt stellen und ziehen lassen. Dann abseihen, Erdbeersaft nochmals kurz aufkochen, in vorbereitete, saubere Flaschen füllen und kühl aufbewahren.

ERDBEERLIKÖR

500 g Erdbeeren
250 g brauner Kandis
2 Streifen unbehandelte
   Zitronenschale
1 Flasche Wodka

Die Erdbeeren waschen, putzen, vierteln und in ein weithalsiges Gefäß füllen. Zitronenstreifen und den Kandis dazugeben, dann den Wodka aufgießen. Das Gefäß gut verschließen und 4 Wochen ziehen lassen, ab und zu schütteln. Dann abseihen und in vorbereitete, saubere Flaschen füllen.

Scones mit Erdbeermarmelade und Clotted Cream

Für 8 Stück
225 g Mehl
55 g kalte Butter
1 Pck. Backpulver
1 Prise Salz
150 ml Milch
50 g Rosinen
1 Eigelb, mit etwas Milch verquirlt

Den Backofen auf 200 ℃ vorheizen. Mehl und Backpulver in eine Schüssel sieben und mit einer Prise Salz mischen. Butter flöckchenweise darauf verteilen, die Milch und Rosinen dazugeben und das Ganze zu einem geschmeidigen Teig verkneten. Den Teig im Kühlschrank ca. 10–15 Minuten ruhen lassen. Nun den Teig auf einer bemehlten Arbeitsfläche etwa 2 cm dick ausrollen. Mit einer runden Form oder einem Glas Kreise von 6–8 cm ausstechen. Die Scones auf ein mit Backpapier ausgelegtes Backblech legen und mit der Ei-Milch-Mischung bestreichen. Das Blech auf die mittlere Schiene schieben und für ca. 15 Min. backen. Die Scones sollten gut aufgegangen und goldbraun sein. Auf einem Küchenrost abkühlen lassen, bevor sie mit Erdbeermarmelade und Clotted Cream genossen werden.

Clotted Cream
300–600 ml süße Sahne ergeben ca. 100–200 ml Clotted Cream

Den Backofen auf 70 ℃ vorheizen. Für das Wasserbad eine größere Auflaufform verwenden und diese mit 80 ℃ erhitztem Wasser füllen, sodass es 2–3 Zentimeter hoch steht. Die Sahne in eine kleinere Auflaufform geben, in die große Form stellen und im Backofen 8–12 Stunden erwärmen. Die Clotted Cream ist fertig, wenn sich auf der Oberfläche eine leichte Kruste gebildet hat.
Die Form mit der Creme vorsichtig aus dem Wasserbad heben. Mit Frischhaltefolie bedecken und über Nacht abkühlen lassen. Am nächsten Tag die Clotted Cream mit einer Schaumkelle vorsichtig abschöpfen und in eine Schüssel geben. Die jetzt noch recht flüssige Clotted Cream wird im Kühlschrank streichfest.

Erdbeermarmelade – roh gerührt

500 g Erdbeeren
500 g Gelierzucker 1:1
1 EL Zitronensaft
½ TL Zitronenabrieb (Bio)

Die Erdbeeren waschen, putzen und klein schneiden. Mit dem Gelierzucker, Zitronenabrieb und Zitronensaft vermischen. Die Mischung zugedeckt 1 Stunde kaltstellen. Die Erdbeermasse mit dem Pürierstab etwa 20–30 Min. pürieren. Beginnt die Marmelade am Schüsselrand zu gelieren, kann sie in vorbereitete Gläser abgefüllt werden. Im Kühlschrank gelagert ist die Marmelade etwa 4 Wochen haltbar.

Mein kleiner grüner Kochsalon

Kochen unter freiem Himmel, davon habe ich schon lange geträumt, und pünktlich zum Saisonstart ist mein lang gehegter Wunsch in Erfüllung gegangen. Dafür bin ich meinem lieben Mann sehr dankbar. Mit Herzblut und Maßarbeit hat er mir ein kleines Kochparadies im Grünen geschaffen, mit Herd und Ablagemöglichkeiten, Stauraum für mein Küchensammelsurium, Spülbecken und Wasseranschluss. In „meinem kleinen grünen Kochsalon" kann ich mich so richtig austoben und die erntefrischen Gaben aus dem Küchenbeet putzen, waschen und verarbeiten.

Kurzum, eine Outdoor-Küche bietet nicht nur Genuss, sondern auch großen Spaß!

Tomatensalat
mit Chorizo

Für 4 Portionen
250 g Chorizo
2 Handvoll Rucola
2 Fleischtomaten
200 g Mini-Romanatomaten
200 g grüne und schwarze Oliven,
    entsteint
3-4 EL Olivenöl
Salz
Pfeffer aus der Mühle

Chorizo häuten und in Scheiben schneiden. Etwas Olivenöl in eine Pfanne geben und die Scheiben bei mittlerer Hitze anbraten und gelegentlich wenden. Chorizo aus der Pfanne nehmen und auf einem Küchenpapier abtropfen lassen. Die Oliven halbieren. Tomaten waschen und den Stielansatz entfernen. Die Fleischtomaten in mundgerechte Stücke schneiden und die Mini-Romanatomaten halbieren. Rucola waschen und trocken schleudern. Tomaten, Rucola, Oliven und Chorizo vermengen. Den Salat anrichten, Olivenöl darüber träufeln und mit Salz und Pfeffer würzen. Dazu passt ein geröstetes Ciabatta-Brot.

Bulgursalat

Für 4 Portionen
150 g Bulgur
300 ml Gemüsebrühe
1 Zwiebel
½ TL Kurkuma
½ Salatgurke
½ Zucchino
1 rote Paprikaschote
2 Tomaten
1 Frühlingszwiebel
½ Chilischote
4 EL Olivenöl
1 EL Butter
3 EL Zitronensaft
3 Stängel glatte Petersilie
3 Stängel Minze
Pfeffer aus der Mühle
Salz

Die Zwiebel schälen und fein würfeln. Butter und 1 EL Olivenöl in einem Topf erhitzen und die Zwiebelwürfel und den Bulgur darin leicht andünsten. Kurkuma und Gemüsebrühe zugeben, gut durchmischen und einmal aufkochen lassen. Den Topf vom Herd nehmen, Bulgur zugedeckt 15–20 Min. ausquellen lassen.
Inzwischen die Tomaten waschen, den Stielansatz entfernen und würfeln. Paprikaschote vierteln, Kerne und Trennwände entfernen, waschen und in mundgerechte Stücke schneiden. Frühlingszwiebel putzen, waschen und in feine Ringe schneiden. Chilischote halbieren, Kerne entfernen, gründlich abspülen und in feine Würfel schneiden. Zucchino putzen, waschen, halbieren und klein schneiden. Gurke schälen, halbieren und ebenfalls klein schneiden. Kräuter waschen, trocken schütteln und fein hacken. Das Gemüse, Kräuter, Olivenöl und Zitronensaft zum Bulgur geben, gut untermischen und mit Salz und Pfeffer würzen. Den Salat ca. eine Stunde durchziehen lassen. Vor dem Servieren nochmals mit Salz, Pfeffer und Olivenöl abschmecken.

Gurken-Melonen-Salat

Für 4 Portionen
½ Salatgurke
½ Wassermelone
½ Cantaloupe-Melone
200 g Oliven, entsteint
150 g Fetakäse, nach Wunsch
3 EL Limettensaft
3 EL Olivenöl
2 Stängel Minze
2 Stängel Basilikum
Salz
Chili aus der Mühle
Pfeffer aus der Mühle

Die Gurke schälen, halbieren, Kerne entfernen und das Gurkenfleisch würfeln. Melonen schälen, entkernen und in Würfel schneiden. Den Fetakäse ebenfalls würfeln. Kräuter waschen, trocken schütteln, die Blätter abzupfen und fein hacken. Limettensaft, Öl, Salz, Chili und Pfeffer in einer Schüssel verrühren. Melonen, Gurke, Oliven und Kräuter unterheben. Fetakäse auf dem Salat verteilen und servieren.

GAZPACHO

FÜR 4 PERSONEN
2 rote Paprikaschoten
4 Frühlingszwiebeln
1 kg Tomaten
½ Salatgurke
2 Knoblauchzehen
½ rote Chilischote
1 Scheibe Toastbrot
2 EL Olivenöl
2 EL Aceto Balsamico
8 Eiswürfel
grobes Meersalz
Pfeffer aus der Mühle
2 Stängel Minze
Gemüsewürfel zum Garnieren

Paprikaschoten halbieren, Kerne und Trennwände entfernen. Die Hälften waschen und in grobe Würfel schneiden. Tomaten waschen, den Stielansatz herausschneiden, halbieren, entkernen und grob würfeln. Gurke schälen, der Länge nach halbieren, entkernen und in Stücke schneiden. Die Frühlingszwiebeln putzen, waschen und in Ringe schneiden. Chilischote halbieren, putzen, unter kaltem Wasser abspülen und fein würfeln. Das Toastbrot zerbröseln. Knoblauch schälen und fein hacken. Paprika, Chili, Frühlingszwiebeln,

Tomaten, Gurke, Knoblauch und Toastbrot in den Mixer geben. Olivenöl, Balsamico und Eiswürfel zufügen und alles fein pürieren. Mit Salz und Pfeffer würzen. Minze waschen, trocken schütteln, die Blätter

abzupfen und fein hacken. Gazpacho vor dem Anrichten nochmals gut durchrühren und abschmecken. Mit Gemüsewürfeln und fein gehackter Minze bestreuen und kalt servieren. Dazu schmeckt Ciabatta oder Weißbrot.

Geeiste Gurkensuppe

Für 4 Personen
1 Salatgurke (ca. 500 g)
2 Schalotten
2 Knoblauchzehen
60 ml Weißwein
150 g Crème fraîche
400 g Naturjoghurt
2 EL Rapsöl
1 TL Ingwer, fein gehackt
2 EL grüne Dillspitzen, fein gehackt
Salz
roter Pfeffer aus der Mühle
Dillblüten zum Garnieren

Die Gurke schälen, halbieren, die Kerne entfernen und das Gurkenfleisch in Würfel schneiden. Schalotten und Knoblauch schälen und fein würfeln. Öl in einer Pfanne erhitzen, Schalotten- und Knoblauchwürfel darin andünsten. Gurkenwürfel dazugeben und mit Salz, Pfeffer und Ingwer würzen. Weißwein zugießen und alles bei milder Hitze so lange köcheln, bis die Gurken glasig aber noch bissfest sind. Die Gurkenmischung in einen Mixbecher geben und pürieren. Die Suppe in eine Schüssel umfüllen, Crème fraîche, Joghurt und den Dill unterrühren. Dann die Gurkensuppe abgedeckt im Kühlschrank gut durchkühlen lassen. Vor dem Servieren mit Salz und Pfeffer abschmecken. Dazu passen geröstete Weißbrotscheiben.

TOMATEN-ZUCCHINI-CHUTNEY

1 kg Tomaten
2 Zucchini (ca. 800 g)
2 mittelgroße Zwiebeln
2 Knoblauchzehen
150 g Rohrzucker
1 TL Korianderkörner
2 Chilischoten
1 Handvoll Basilikumblätter
1/8 l Apfelessig
grobes Meersalz
Pfeffer aus der Mühle

Tomaten waschen, Stielansatz entfernen und in Würfel schneiden. Zucchini putzen, waschen, halbieren und würfeln. Zwiebeln und Knoblauch schälen und fein würfeln. Chilischoten halbieren, das innere Kerngehäuse entfernen, anschließend unter kaltem Wasser abspülen und in feine Würfel hacken. Koriander im Mörser zerstoßen. Basilikum waschen, trocken schütteln und klein hacken. Alle Zutaten in einen Kochtopf geben und 60–90 Min. leicht köcheln lassen, dabei gelegentlich umrühren. Heiß in vorbereitete Gläser füllen und fest verschließen. Tomaten-Zucchini-Chutney schmeckt zu gegrilltem Fleisch und Fisch oder als Brotaufstrich.

LACHS-GURKEN-BROT

FÜR 4 PORTIONEN

4 Scheiben Schwarzbrot
¼ Salatgurke
4 Scheiben geräucherter Lachs
200 g Quark
1-2 EL Milch
1 Spritzer Zitronensaft

1 TL geriebener Meerrettich
Salz
Pfeffer aus der Mühle
1 Handvoll Dillspitzen
Tomaten- und Gurkenwürfel und
Dill zum Garnieren

Quark und Milch in einer Schüssel gut verrühren. Zitronensaft und geriebenen Meerrettich unterrühren und mit Salz und Pfeffer abschmecken. Die Gurke gründlich waschen und in dünne Scheiben schneiden. Dill waschen, trocken schütteln und fein hacken. Die Brotscheiben mit dem Meerrettich-Quark bestreichen und diagonal durchschneiden. Gurkenscheiben auf die Brotscheiben legen und mit etwas Dill bestreuen. Jeweils eine Scheibe Lachs darauflegen, mit etwas Pfeffer würzen und mit ein paar Gurken- sowie Tomatenwürfeln und Dill garnieren.

Zucchiniröllchen mit Frischkäse

Für 4 Portionen

4 Zucchini
Olivenöl
250 g Ziegenfrischkäse
150 g Oliven, entsteint

2-3 Knoblauchzehen
1 Stängel Basilikum
3 Frühlingszwiebeln
1 Spritzer Zitronensaft

Salz
Pfeffer aus der Mühle

Zucchini putzen, waschen, trocknen und längs in dünne Scheiben schneiden. Mit Olivenöl beträufeln und mit Salz und Pfeffer würzen. Eine Grillpfanne erhitzen und die Zucchinischeiben nacheinander von beiden Seiten grillen. Anschließend abkühlen lassen.

Knoblauch schälen und fein hacken. Basilikum waschen, trocken schütteln, die Blätter abzupfen und grob hacken. Frühlingszwiebeln putzen, waschen und das Weiße und Hellgrüne in Ringe schneiden. Ziegenfrischkäse, 100 g Oliven, Knoblauch, Frühlingszwiebeln und Basilikum in ein Rührgefäß geben und mit dem Mixstab pürieren. Die restlichen Oliven klein hacken und mit der Käsemischung verrühren. Mit Salz, Pfeffer und einem Spritzer Zitronensaft abschmecken und die Frischkäsecreme auf die Zucchinischeiben streichen, aufrollen und mit Zahnstochern fixieren. Dazu schmeckt ein Pita-Brot.

ERFRISCHENDE DRINKS

Prickelnde Durstlöscher mit null Promille oder Sommerdrinks mit Schuss für gemütliche Gartenpartys gehören zum Sommer wie Sonne, Strand und Meer. Sie erfrischen und sind an heißen Tagen eine wohltuende Abkühlung. Wir stellen unsere fruchtigen Drinks am liebsten selber her, und das ist ganz einfach: Tee, Sirup, Fruchtsaft, Minze oder Zitronenmelisse für die Würze, ein Spritzer Limetten- oder Zitronensaft für die richtige Säure, Mineralwasser und Eiswürfel für die angenehme Erfrischung. Der coole Spaß im Glas ist bei Groß und Klein sehr beliebt und hält sich im Kühlschrank 2-3 Tage. Und nicht vergessen: Viel trinken ist im Sommer ganz besonders wichtig!

Grüner Eistee

Für ca. 1,5 Liter
1 TL geriebener Ingwer
1,5 l Wasser
3-4 EL Rohrzucker
1 Zitrone (Bio)
10 TL grüner Tee
Eiswürfel

Wasser und Ingwer aufkochen und leicht abkühlen lassen. Auf die grünen Teeblätter gießen und den Tee etwa 5 Minuten ziehen lassen. Die Zitrone gründlich abspülen, eine Hälfte auspressen und die andere Hälfte in Scheiben schneiden. Den Tee durch ein feines Sieb abgießen, mit Rohrzucker und Zitronensaft verfeinern. Zitronenscheiben in eine Glaskaraffe geben, den Tee aufgießen und kalt stellen. Mit Eiswürfeln und Zitronenscheiben garniert servieren.

INGWERSIRUP UND INGWERLIMO

SIRUP
400 g Rohrzucker
400 ml Wasser
1 Stück Ingwerknolle (ca. 80 g)
2-3 Zitronenstreifen (Bio)

Den Ingwer (mit Schale) grob raspeln oder klein schneiden. In einen Topf geben, Zitronenschale, Zucker und Wasser zufügen und den Sud zum Kochen bringen. Bei geringer Hitze etwa 10 Min. köcheln lassen. Dann abseihen und in vorbereitete Flaschen füllen.

FÜR 1 GLAS LIMO
4-5 Eiswürfel
1-2 EL Ingwersirup
1 EL Limettensaft
1 Limettenscheibe (Bio)
200 ml kaltes Mineralwasser

Für die Limo Ingwersirup und Limettensaft in ein Glas geben und gut vermischen. Mineralwasser aufgießen, Eiswürfel und Limettenscheibe dazugeben, nochmals umrühren und genießen.

Melonen-Granita

Für 2 große Gläser
½ Wassermelone (ca. 700 g)
1 TL Zitronenabrieb (Bio)
Saft von 1 Limette
Saft von 1 Zitrone
1 EL Rohrzucker

Melonenschale lösen und das Fruchtfleisch grob würfeln. Melonenwürfel, Rohrzucker, Zitronenabrieb, Zitronensaft und Limettensaft in einen Mixer geben, pürieren und die Masse anschließend durch ein Sieb streichen. Fruchtmasse 2–3 cm hoch in ein flaches Gefäß geben und ca. 60 Min. mit geschlossenem Deckel gefrieren lassen. Sobald die Masse zu gefrieren beginnt, mehrfach umrühren und das Ganze so oft wiederholen, bis die Fruchtmasse gleichmäßig gekörnt ist. Melonen-Granita auf Gläser verteilen, entweder pur oder mit Sekt genießen.

MELONEN-SMOOTHIE

FÜR CA. 1 LITER
1 Wassermelone
Saft von 3 Limetten
1 Stängel Minze
3-4 EL Rohrzucker
12 Eiswürfel

Melone vierteln, das Fruchtfleisch
aus der Schale lösen, entkernen und
grob würfeln. Die Minze waschen,
trocken schütteln, Blätter abzupfen
und klein hacken. Melonenwürfel,
Rohrzucker, Limettensaft und Minze
in einen Mixer geben und pürieren.
Smoothie auf Gläser verteilen und mit
Eiswürfeln servieren.

Melonen-Bowle

½ Wassermelone
¼ Honigmelone
½ Cantaloupe-Melone
2–3 EL Rohrzucker
1 TL geriebener Ingwer
2 Flaschen Weißwein
1 Flasche Mineralwasser
Eiswürfel

Die Melonen von den Kernen befreien und mit einem Kugelausstecher kleine Fruchtkugeln aus dem Melonenfleisch ausstechen. Melonenkugeln in ein Gefäß geben, Zucker und Ingwer zufügen und so viel Weißwein dazugießen, bis alles gut bedeckt ist. Dann mindestens 60 Min. im Kühlschrank ziehen lassen. Vor dem Servieren den restlichen Weißwein und eisgekühltes Mineralwasser dazugeben. Die Bowle in Gläser füllen und mit Eiswürfeln servieren.

PICKNICK AM WASSER

Die Sonne lacht, und was gibt es da Schöneres, als in gemütlicher Runde zu sitzen und einen Imbiss unter freiem Himmel zu verspeisen.

Ob am See oder auf der grünen Wiese, romantisch im kleinen Kreis oder mit Familie, im Freien schmeckt es einfach besonders gut! Praktisch ist alles, was man in die Hand nehmen kann. Unser Fingerfood ist schnell gemacht, Limonade und frisches Obst dürfen natürlich auch nicht fehlen. Mit Picknickkorb und Kühltasche geht's raus. Und was würde sich für Outdoor-Gourmets besser anbieten als ein idyllisches Plätzchen am See. Sonne, Wasser, Ruhe, kleine Leckereien und gute Laune machen ein Picknick im Freien zu einem besonderen Erlebnis. Und traumhafte Orte zum Entspannen gibt es überall.

Sandwich-Ecken mit Geflügel

Für 4 Sandwiches

80 g Frischkäse
2 EL Mayonnaise
½ TL Curry
1 Spritzer Limettensaft
½ EL Petersilie, fein gehackt

250 g Hähnchenbrustfilet
2 EL Olivenöl
Salz
Pfeffer aus der Mühle

8 Scheiben Sandwichtoast
16 Gurkenscheiben
8 Blätter Römersalat
8 Blätter Radicchio

Frischkäse, Mayonnaise, Curry und Limettensaft in einer Schüssel glatt rühren. Petersilie unter die Creme mischen.

Hähnchenbrustfilets waschen und trocken tupfen. Öl in einer beschichteten Pfanne erhitzen und die Filets darin rundherum 6–8 Min. braten. Filets mit Salz und Pfeffer würzen, aus der Pfanne nehmen, ruhen und etwas abkühlen lassen. Den Salat waschen, trocken schleudern und den weißen Strunk herausschneiden. Die Gurke gründlich waschen und in Scheiben schneiden. Hähnchenbrustfilets schräg in dünne Scheiben schneiden.

Die Sandwichscheiben kross toasten und vier Brotscheiben mit Currycreme bestreichen und mit Römersalat belegen. Darauf die Hähnchenscheiben verteilen und diese mit Radicchio und Gurkenscheiben belegen. Die restlichen Brotscheiben mit Currycreme bestreichen, auflegen und diagonal durchschneiden. Gut verpacken und bis zum Verzehr in die Kühltasche legen.

Tomaten-Mozzarella-Sandwich

Für 4 Sandwiches

80 g Frischkäse
2 EL Crème fraîche
1 kleine Knoblauchzehe
1 Handvoll Basilikumblätter
½ TL Zitronenabrieb (Bio)
Salz
Pfeffer aus der Mühle

8 Scheiben Sandwichtoast
2 Strauchtomaten
16 Blätter Römersalat
200 g Büffelmozzarella
Salz
Pfeffer aus der Mühle

Basilikumblätter waschen, trocken schütteln und fein hacken. Knoblauch schälen und fein würfeln. Frischkäse, Crème fraîche, Knoblauch und Zitronenabrieb in eine Schüssel geben und glatt rühren. Basilikum unter die Creme rühren und mit Salz und Pfeffer abschmecken.

Tomaten waschen, putzen und in Scheiben schneiden. Die Salatblätter waschen, trocken schleudern und den weißen Strunk herausschneiden. Mozzarella gut abtropfen lassen, dann in Scheiben schneiden und mit etwas Salz und Pfeffer würzen.

Die Sandwichbrote toasten und vier Brotscheiben mit Basilikumcreme bestreichen und darauf ein Salatblatt legen. Mozzarella und Tomaten darauf schichten und mit einem Salatblatt abschließen. Die restlichen Brotscheiben mit Basilikumcreme bestreichen, auflegen und die Sandwiches diagonal durchschneiden. Verpacken und bis zum Verzehr ebenfalls kühl aufbewahren.

Sandwich mit Kräutercreme, Zucchini, Tomaten und Oliven

Für 4 Sandwiches

8 Vollkorn-Sandwich-Scheiben
40–50 g Kräuterfrischkäse
1 Zucchino
2 Strauchtomaten
100 g grüne Oliven mit Paprika
1 Handvoll Basilikumblätter
Olivenöl zum Beträufeln
Salz
Pfeffer aus der Mühle

Zucchino waschen, putzen, schräg in ca. 1 cm dicke Scheiben schneiden. Mit Olivenöl beträufeln und mit Salz und Pfeffer würzen. In einer erhitzten Grillpfanne von beiden Seiten grillen, zur Seite stellen und abkühlen lassen. Die Tomaten waschen, den Stielansatz herausschneiden und in Scheiben schneiden. Oliven längs halbieren. Basilikum waschen und trocken schütteln.

Die Sandwichscheiben kross toasten und vier Toastscheiben mit Kräuterfrischkäse bestreichen. Die unbestrichenen Seiten mit Zucchino, Tomaten, Oliven und Basilikum belegen. Die einzelnen Schichten mit etwas Pfeffer würzen. Mit den bestrichenen Sandwichscheiben bedecken. Die Sandwiches mit einem scharfen Messer diagonal durchschneiden, verpacken und in die Kühltasche legen.

Frisch vom Strauch

Wärmeliebende Gemüsesorten wie Tomaten, Paprika oder Zucchini haben jetzt absolute Hochsaison und sorgen für kulinarische Abwechslung in der Sommerküche. Ein wahrer Augen- und Gaumenschmaus sind Tomaten, die es in einer wunderbaren Vielfalt gibt. Ob rund oder länglich, unser geliebter Paradiesapfel schmeckt pur, als vitaler Salat, Brotbelag oder ist Basis vieler schmackhafter Gerichte.

Paprikafrüchte gehören wie die Tomaten zur Familie der Nachtschattengewächse. Die verschiedenen Sorten unterscheiden sich in Schärfe, Größe, Form und Farbe. Aus grünen werden rote, gelbe oder violette Früchte, die Lust darauf machen, Salate, Saucen und Pasta zu verfeinern. Außerdem punkten sie als Beilage zu Fleisch- oder Geflügelgerichten.

Auberginen gibt es in unterschiedlichen Arten. Die lila, weißen, grünen oder gestreiften Eierfrüchte sind in der Küche sehr variabel, sie lassen sich wunderbar füllen, marinieren, grillen oder braten.

Zucchini zählen zu den Kürbisgewächsen, von denen es unglaublich attraktive Früchte in vielen Farben und Formen gibt. Die dunkelgrünen, gesprenkelten oder gestreiften Zucchini schmecken jung geerntet am besten. Sie lassen sich einfach zubereiten und landen entweder pikant gefüllt, gebraten oder gegrillt auf unseren Tellern.

Ciabatta mit Avocado-Dip und Tomaten

Für 4 Portionen

Ofentomaten
300 g Kirschtomaten (ca. 25 Stück)
1 Knoblauchzehe
½ TL Thymian, fein gehackt
1 EL Olivenöl
grobes Meersalz
Pfeffer aus der Mühle
2 TL Rohrzucker

Avocado-Dip
1 Avocado
2–3 EL Limettensaft
100 g Doppelrahmfrischkäse
1 TL Petersilie, fein gehackt
Salz
Pfeffer aus der Mühle
Tabasco

Außerdem:
8 Scheiben Ciabatta
1 Knoblauchzehe
2 Avocados
12 EL Limettensaft
Grana Padano Späne
½ Bund Basilikum
Frühlingszwiebelröllchen
Oregano zum Garnieren

Backofen auf 200 °C vorheizen.

Die Tomaten waschen, die Stielansätze entfernen und halbieren. Knoblauchzehe schälen und fein hacken. Tomaten mit der Schnittfläche nach oben in eine ofenfeste Form setzen. Mit Olivenöl beträufeln, mit Rohrzucker bestreuen und mit Thymian, Knoblauch, Salz und Pfeffer würzen. Im vorgeheizten Backofen ca. 20 Min. garen. Herausnehmen und etwas abkühlen lassen.

Avocado halbieren, den Kern entfernen und das Fruchtfleisch mit einem Löffel herausnehmen. Für die Creme das Avocadofruchtfleisch in eine Schüssel geben, mit Limettensaft beträufeln und mit einer Gabel zerdrücken, sodass eine glatte Creme entsteht. Frischkäse und Petersilie dazugeben und das Ganze vermengen. Mit Limettensaft, Salz, Pfeffer und nach Belieben mit einem Spritzer Tabasco abschmecken.

Ciabatta-Scheiben unter dem Grill des Backofens beidseitig knusprig rösten. Eine Knoblauchzehe halbieren und die Brotscheiben damit einreiben.

Avocados halbieren, Kerne entfernen, schälen und in Scheiben schneiden. Die Avocadoscheiben mit Limettensaft beträufeln.

Die Kräuter waschen und trocken schütteln. Ciabattascheiben mit dem Avocado-Dip bestreichen, mit je zwei Avocadoscheiben belegen und die Tomaten darauf verteilen. Mit Basilikum, Käsespänen, ein paar Frühlingszwiebelröllchen und Oregano anrichten. Ob als Vorspeise oder Snack für zwischendurch, es schmeckt einfach köstlich.

GEFÜLLTE TOMATEN

FÜR 4 PORTIONEN

5 Fleischtomaten
1 Schalotte
1 Knoblauchzehe
1 rote Paprikaschote
100 g Reis, vorgegart
100 g Oliven, gehackt
2 El Olivenöl
½ Bund frische Petersilie
Salz
Pfeffer aus der Mühle
50 ml Gemüsebrühe

Den Backofen auf 200 °C vorheizen. Die Schalotte und den Knoblauch schälen und in feine Würfel schneiden. Paprikaschote, vierteln, putzen, abbrausen, die Haut mit einem Sparschäler entfernen und dann in Würfel schneiden. Schalotten- und Knoblauchwürfel in einer heißen Pfanne mit Olivenöl anschwitzen. Die Paprikawürfel dazugeben und weich garen. Vom Herd nehmen und abkühlen lassen.

Reis, Oliven, Schalotten-Paprika- mischung und Olivenöl in eine Schüssel geben und vermengen. Tomaten waschen, einen Deckel abschneiden und das Innere vorsichtig entnehmen. 4 ausgehöhlte Tomaten von innen leicht salzen und mit der Öffnung nach unten auf einem Küchenpapier abtropfen lassen. Das Fruchtfleisch der übrigen Tomate in feine Würfel schneiden und zur Reisfüllung geben. Die Petersilie waschen, trocken schütteln, fein hacken, unter den Reis mischen und die Füllung mit Salz und Pfeffer abschmecken.
Die Tomaten mit der Reismischung füllen. Reste der Reismischung in einer Auflaufform verteilen und etwas Gemüsebrühe dazugeben.
Die Tomaten auf den Reis setzen, die Deckel auflegen, mit etwas Olivenöl beträufeln und im vorgeheizten Ofen ca. 25 Min. backen. Die Tomaten mit dem Reis anrichten.

Tomatensuppe mit Basilikumpesto

Für 4 Portionen

2 kg Tomaten
2 kleine Möhren
4 Thymianzweige
2 Zwiebeln
2 Knoblauchzehen
2 EL Olivenöl
3 EL Tomatenmark
350 ml Gemüsebrühe
Meersalz
Pfeffer aus der Mühle
1 Prise Zucker
Basilikumpesto

Tomaten waschen, die Stielansätze entfernen und das Fruchtfleisch in Stücke schneiden. Thymianzweige unter kaltem Wasser abspülen und trocken schütteln. Die Möhren putzen, schälen, waschen und in Würfel schneiden. Zwiebeln und Knoblauch schälen und fein würfeln. Olivenöl in einem Topf erhitzen, Zwiebeln, Möhren und Knoblauch darin anschwitzen. Tomatenmark unterrühren, kurz anrösten, die Tomatenwürfel dazugeben und leicht mit Salz würzen. Gemüsebrühe und Thymianzweige zufügen und 20–25 Min. köcheln lassen. Anschließend durch ein Sieb streichen.
Die Suppe mit Salz, Pfeffer und Zucker abschmecken, anrichten und mit Pesto beträufeln. Dazu schmeckt Toast oder Baguette.

Basilikumpesto

1 Bund Basilikum
1-2 Knoblauchzehen
40 g Pinienkerne
40 g geriebener Pecorino
150 ml bestes Olivenöl
grobes Meersalz
Pfeffer aus der Mühle

Basilikum waschen, trocken schütteln, die Blätter abzupfen und klein schneiden. Die Pinienkerne in einer beschichteten Pfanne ohne Fett goldbraun rösten und abkühlen lassen. Den Knoblauch schälen und klein hacken. Basilikumblätter, Knoblauch, Olivenöl und Pinienkerne im Mixer pürieren. Nach und nach geriebenen Pecorino unterheben. Pesto mit Salz und Pfeffer abschmecken, in ein Schraubglas füllen, mit Öl bedecken und im Kühlschrank aufbewahren, so hält sich das Pesto einige Wochen.

Tomatensauce aus frischen Tomaten

Für 6 Portionen

2 kg reife Tomaten
2 mittelgroße Zwiebeln
2-3 Knoblauchzehen
1 Rosmarinzweig
2 Thymianzweige
4 El Olivenöl
2 El Tomatenmark
Salz
Pfeffer aus der Mühle
Zucker

Zwiebeln und Knoblauch schälen und fein würfeln. Tomaten waschen, den Stielansatz herausschneiden und grob würfeln. Kräuter waschen und trocken schütteln. Thymianblättchen und Rosmarinnadeln fein hacken. Olivenöl in einer Pfanne erhitzen, Zwiebeln und Knoblauch darin glasig dünsten. Die Kräuter und Tomatenmark unterrühren und kurz mitdünsten. Die Tomaten dazugeben und alles mit Salz, Pfeffer und einer Prise Zucker würzen. Ganz nach Belieben kann man noch etwas Chili, Basilikum oder Oregano hineingeben. Das Ganze aufkochen lassen und bei milder Hitze etwa 60 Min. köcheln lassen. Die Tomatensauce durch ein feines Sieb streichen und abschmecken. Heiß in vorbereitete Gläser füllen und diese dann auf dem Kopf stehend auskühlen lassen.

MINI-TOMATENQUICHE

FÜR 4 PORTIONEN

80 g zimmerwarme Butter
150 g Mehl
2 Eigelbe
3 EL Wasser
4 Rispen Kirschtomaten

2 mittelgroße gekochte Kartoffeln
60 ml Sahne
1 Ei
Pfeffer aus der Mühle
Salz
4 Tartelettefförmchen (10 cm Ø)

Den Backofen auf 200 °C vorheizen. Butter, Mehl, Eigelb, eine Prise Salz und kaltes Wasser zu einem glatten Teig verarbeiten. Den Teig etwa 30 Minuten kalt stellen.

Den Teig auf einer bemehlten Arbeitsfläche ausrollen und vier Kreise etwas größer als die Förmchen ausstechen. Die gefetteten Backförmchen mit dem Teig auskleiden und einen Rand andrücken.

Die Kartoffeln in eine Schüssel geben, mit einer Gabel zerquetschen, Sahne und Ei dazugeben, alles glatt rühren und mit Salz und Pfeffer würzen. Die Masse gleichmäßig auf dem Teig verteilen. Die Tomatenrispen waschen, trocken tupfen und leicht in die Sahnemasse drücken. Im vorgeheizten Backofen ca. 20–30 Minuten backen. Etwas ruhen lassen, dann vorsichtig aus der Form nehmen und noch warm servieren.

Pasta mit Tomaten und Serrano Schinken

Für 3-4 Portionen

400 g Kirschtomaten
grobes Meersalz
Pfeffer aus der Mühle
3 EL Olivenöl
1 EL frische Thymianblättchen
100 g Serrano Schinken
1 TL Olivenöl zum Braten

ca. 250 g Pasta nach Wahl
2 EL Olivenöl
2 EL Butter
10 frische Salbeiblätter
30 g Parmesan, frisch gehobelt

Backofen auf 240 ℃ vorheizen.

Die Tomaten waschen, trocken tupfen, den Stielansatz entfernen und halbieren. In eine ofenfeste Form geben, mit Olivenöl beträufeln und mit Salz und Pfeffer würzen. Im vorgeheizten Ofen 10 Min. anrösten.

Dann die Thymianblättchen darüber streuen, die Hitze auf 70 ℃ reduzieren und die Tomaten weitere 60–70 Minuten trocknen lassen.

Den Schinken in feine Streifen schneiden. Öl in einer Pfanne erhitzen, den Schinken dazugeben, schön kross braten und warm halten.

Pasta in kochendem Salzwasser bissfest garen. Olivenöl und Butter in einer Pfanne zerlassen und die Salbeiblätter darin anbraten. Nudeln abgießen, abtropfen lassen, mit in die Pfanne geben und unterschwenken. Abschmecken, Pasta auf Tellern anrichten und mit Tomaten, krossen Schinkenstreifen und Käsespänen servieren.

BUNTE HÄHNCHENPFANNE

FÜR 4 PORTIONEN

500 g Hähnchenbrustfilet
1 Zwiebel
1 Knoblauchzehe
1 rote Paprikaschote
1 gelbe Paprikaschote
2 Stangensellerie
2 Zitronenstreifen (Bio)
2 EL Tomatenmark
1 EL Edelsüßpaprika
500 ml Gemüsebrühe oder Wasser
1 Handvoll rote Rispentomaten
1 Handvoll gelbe Rispentomaten
2 EL Olivenöl
Salz
Pfeffer aus der Mühle
1–2 EL Basilikum-Pesto

Hähnchenfleisch waschen, trocken tupfen und in Würfel schneiden. Zwiebel und Knoblauch schälen und in feine Würfel schneiden. Paprikaschoten halbieren, die weißen Kerne und Trennwände entfernen, waschen und würfeln. Sellerie putzen, waschen und in kleine Stücke schneiden. Öl in einer Pfanne erhitzen, Zwiebel und Knoblauch darin anschwitzen, das Fleisch dazugeben, mit Salz und Pfeffer würzen und unter Wenden kräftig anbraten. Das Gemüse zufügen und ebenfalls kurz mit anbraten. Tomatenmark und Edelsüßpaprika unterrühren. Die Zitronenstreifen dazugeben und mit Gemüsebrühe oder Wasser ablöschen. Aufkochen und ca. 10–15 Min. bei mittlerer Hitze garen. Kurz vor Garzeitende die gewaschenen Rispentomaten dazugeben. Hähnchenpfanne mit Salz und Pfeffer abschmecken. Auf Tellern anrichten, etwas Basilikum-Pesto darüber träufeln und mit Basilikum garniert servieren. Dazu schmeckt Reis oder Baguette.

Gefüllte Spitzpaprika mit Tomatensauce

Schnelle Tomatensauce

5 gehäutete Fleischtomaten
1 Zwiebel
1 Knoblauchzehe
3 EL Tomatenmark
½ TL Thymian, fein gehackt
1 Lorbeerblatt
250 ml Gemüsebrühe
1 EL Petersilie, fein gehackt
1 El Basilikum, fein gehackt
Salz
Zucker
Pfeffer aus der Mühle
2 EL Olivenöl

Für 4 Portionen

300 g Hackfleisch halb und halb
2 rote Spitzpaprika
1 Zwiebel
1 Knoblauchzehe
60 g Reis, vorgekocht
1 EL Petersilie, fein gehackt
Salz
Pfeffer aus der Mühle

Für die Sauce die Tomaten waschen, den Stielansatz herausschneiden und das Fruchtfleisch in Würfel schneiden. Zwiebel und Knoblauch schälen und fein hacken. Öl in einer Pfanne erhitzen, Zwiebel- und Knoblauchwürfel darin anschwitzen. Tomatenmark und Tomaten dazugeben, mit Salz und Pfeffer würzen und ebenfalls mit anschmoren. Mit Gemüsebrühe ablöschen, Gewürze und die Hälfte der Kräuter dazugeben und die Sauce bei milder Hitze etwa 10 Min. köcheln lassen. Mit den restlichen Kräutern bestreuen und abschmecken. Backofen auf 180 ℃ vorheizen. Das Hackfleisch in eine Schüssel geben. Dazu kommen eine fein gewürfelte Zwiebel, klein gehackter Knoblauch, Reis, Petersilie, Salz und Pfeffer. Alles gut durchmischen.

Die Paprikaschoten mit einem scharfen Messer halbieren, die weißen Kerne und Trennwände entfernen und waschen. Die Paprikahälften mit der Hackfleischmasse füllen. Die vorbereitete Tomatensauce in eine Auflaufform geben und die Paprikaschoten in die Sauce setzen. Im vorgeheizten Backofen 35–40 Min. garen. Die Paprikaschoten anrichten und mit Tomatensauce servieren. Dazu schmeckt Reis sehr gut.

Peperonata Rot und Grün

Rot

3 rote Paprikaschoten
8-10 mittelgroße reife Tomaten
2 Knoblauchzehen
2 mittelgroße Zwiebeln
2 Chilischoten
2 Lorbeerblätter
4 EL Tomatenmark
1 Thymianzweig
1 Rosmarinzweig
2 EL Olivenöl zum Anbraten
grobes Meersalz
Pfeffer aus der Mühle

Die Paprika- und Chilischoten halbieren, das innere Kerngehäuse sowie die weißen Innenhäute entfernen, anschließend innen und außen unter kaltem Wasser abspülen. Die Paprikaschoten in Würfel und die Chilischoten sehr fein schneiden. Die Zwiebeln schälen und würfeln. Knoblauch schälen und fein hacken. Die Tomaten waschen, den Blütenansatz herausschneiden, dann die Tomaten 5 Sek. in kochendes Wasser geben und kalt abschrecken. So lässt sich die Schale leicht entfernen. Die Tomaten halbieren und das Tomatenfleisch in Würfel schneiden.

Das Öl in einem Topf erhitzen und die Zwiebeln, Knoblauch, Chili und Lorbeerblätter darin glasig braten. Paprika unterrühren und 5 Min. mitschmoren. Dann die Tomatenwürfel und Tomatenmark unterrühren, mit Salz und Pfeffer würzen und das Ganze zugedeckt bei geringer Hitze ca. 25 Min. köcheln lassen.

Die Kräuter waschen, trocken schütteln, fein hacken und zu der Peperonata geben und weiter 10 Min. köcheln lassen. Das Gemüse heiß in vorbereitete Gläser füllen. Peperonata ist eine pikante Beilage zu Fleisch, Fisch, Nudeln oder Reis, aber auch pur auf frischem Brot oder Baguette sehr köstlich.

GRÜN

3 grüne Paprikaschoten
1 kleine Chilischote
4 Frühlingszwiebeln
1 EL Olivenöl
½ Bund glatte Petersilie
1 Spritzer Zitronensaft
grobes Meersalz

Paprikaschoten und Chili halbieren, putzen und waschen. Die Paprikaschoten in Würfel und die Chilischote in feine Streifen schneiden. Die Frühlingszwiebeln, putzen, waschen und in Ringe schneiden. Petersilie waschen, trocken schütteln und fein hacken.
Paprika, Chili, Frühlingszwiebeln, Petersilie und Olivenöl in einen Mixer geben und alles pürieren. Mit Salz und Zitronensaft abschmecken.
Im Kühlschrank aufbewahrt hält sich die grüne Peperonata etwa eine Woche. Schmeckt zu Pasta oder Fleischgerichten.

GEFÜLLTE AUBERGINEN

FÜR 4 PORTIONEN

2 Auberginen
2 Tomaten
2 Knoblauchzehen
100 g Schafskäse
4 Thymianzweige
Olivenöl
Salz
Pfeffer aus der Mühle

Backofen auf 200 ℃ vorheizen.

Auberginen waschen, längs halbieren und das Fruchtfleisch mit einem Teelöffel aushöhlen, sodass ein etwa 1,5 cm breiter Rand zurückbleibt. Die Auberginenhälften mit Olivenöl bestreichen und mit etwas Salz und Pfeffer würzen. Tomaten waschen, den Stielansatz entfernen, vierteln, entkernen und in Würfel schneiden. Knoblauch schälen und fein hacken. Den Schafskäse würfeln. Das Auberginenfruchtfleisch ebenfalls in feine Würfel schneiden. Alle Zutaten in eine Schüssel geben und die Masse mit Olivenöl, Salz und Pfeffer vermengen. Thymian waschen, trocken schütteln und die Blätter von den Stielen zupfen. Auberginenhälften in eine gefettete Auflaufform legen. Die Füllung in die Auberginenhälften geben und die Thymianblättchen darüber streuen. Im vorgeheizten Backofen etwa 30 Min. garen. Warm anrichten, dazu passt Tomatensauce, Reis und ein grüner Salat.

Auberginen-Piccata

Für 4 Portionen
2 mittelgroße Auberginen
4 EL Mehl
4 Eier
100 g Parmesan, frisch gerieben
60 ml süße Sahne
1 EL frische Kräuter, fein gehackt
    (z.B. Oregano, Basilikum usw.)
Olivenöl zum Braten
Salz
Pfeffer aus der Mühle
1 Zitrone

Auberginen waschen, die Enden
entfernen und schräg in ca. 1,5 cm
dicke Scheiben schneiden. Beidseitig
salzen und 30 Min. ruhen lassen. Aus
Eiern, Parmesan, Sahne und Kräutern
einen glatten Ausbackteig rühren.
Auberginenscheiben trocken tupfen,
mit Pfeffer würzen, in Mehl wenden
und durch den Ausbackteig ziehen.
Öl in einer Pfanne erhitzen und die
Auberginenscheiben portionsweise
bei mittlerer Hitze etwa 3–4 Min.
auf jeder Seite goldbraun kross
braten. Auf Küchenpapier abtropfen
lassen, heiß anrichten und mit
Zitronenspalten servieren.
Dazu passt vorzüglich Pasta mit
Tomatensauce oder ein warmer
Paprika-Tomaten-Salat.

ZUCCHINI-BURGER

FÜR 4 PORTIONEN
350 g Zucchini
1 Schalotte
1 Knoblauchzehe
1 Ei
50 g Semmelbrösel
50 g geriebener Parmesan
Salz
Pfeffer aus der Mühle
Öl zum Braten

AUßERDEM:
Kräuterfrischkäse zum Bestreichen
4 Mehrkornbrötchen
1 Fleischtomate
1 Handvoll Basilikumblätter
4 Salatblätter,
z.B. Eisberg oder Romana

Zucchini putzen, waschen, trocknen und in eine Schüssel raspeln. Mit Salz bestreuen, in ein Sieb schütten und 30 Min. abtropfen lassen. Dann die restliche Flüssigkeit mit einem trockenen, sauberen Tuch aus der Zucchini-Masse pressen. Schalotten und Knoblauch schälen und fein würfeln. Die Zucchini-Masse, Schalotte, Knoblauch, Ei, Semmelbrösel und Parmesan zufügen. Mit Salz und Pfeffer würzen und alles gut miteinander vermischen. Bei Bedarf noch Semmelbrösel zufügen. Aus der Zucchini-Masse Frikadellen formen. Öl in einer beschichteten Pfanne erhitzen und die Frikadellen von beiden Seiten goldbraun braten.

Aus der Pfanne nehmen und auf einem Küchenpapier abtropfen lassen. Salatblätter waschen und trocken schleudern. Tomate waschen, den Stielansatz entfernen und in Scheiben schneiden. Basilikumblätter waschen, trocken schütteln und fein hacken. Die

Brötchen quer halbieren und beide Hälften mit Frischkäse bestreichen. Die unteren Hälften mit je einem Salatblatt, Zucchini-Frikadelle, Tomatenscheiben belegen und etwas Basilikum darüber streuen. Die oberen Hälften auflegen und servieren.

Zucchini-Cremesuppe

Für 4 Portionen

500 g Zucchini
250 g Kartoffeln
2 Schalotten
2 Knoblauchzehen
2 EL Olivenöl
¾ l Gemüsebrühe
100 ml süße Sahne
Salz
Pfeffer aus der Mühle
Muskat, frisch gerieben
Petersilienpesto (Rezept Seite 14)

Schalotten und Knoblauch schälen und fein hacken. Die Zucchini waschen, die Enden abschneiden und grob in Würfel schneiden. Die Kartoffeln schälen, waschen und ebenfalls grob würfeln. Olivenöl in einem Topf erhitzen, Schalotten und Knoblauch darin andünsten, dann Kartoffeln und Zucchini dazugeben und kurz mitbraten. Leicht mit Salz und Pfeffer würzen und mit Gemüsebrühe ablöschen. Aufkochen lassen und ca. 20 Min. bei milder Hitze köcheln lassen.
Die Suppe mit dem Mixstab pürieren, Sahne unterrühren und mit Salz, Pfeffer und Muskat abschmecken. Anschließend auf Teller verteilen, Petersilienpesto darüber träufeln und nach Belieben mit Croûtons servieren.

Zucchinispaghetti mit Tomatensauce

Für 4 Portionen

4 Zucchini
2 Schalotten
2 Knoblauchzehen
2 getrocknete Tomaten (in Öl)
3-4 EL Olivenöl
1 EL Basilikum, fein gehackt
Salz
Pfeffer aus der Mühle
Chili aus der Mühle
Parmesanspäne

Die Zucchini putzen, waschen, trocken tupfen und mithilfe eines Spiralschneiders zu Spaghetti verarbeiten. Schalotten und Knoblauch schälen und fein hacken. Die getrockneten Tomaten in feine Würfel schneiden. Olivenöl in einer Pfanne erhitzen, Schalotte und Knoblauch kurz darin anschwitzen, die Tomatenwürfel und Zucchini dazugeben und mit Salz, Pfeffer und Chili würzen. Die Spaghetti 2–3 Min. braten, sie sollten noch bissfest sein. Basilikum unterheben, abschmecken und die Zucchinispaghetti anrichten. Mit einer Tomatensauce und Parmesanspänen servieren.

SOMMERFEST IM GARTEN

Bei strahlendem Sonnenschein und hochsommerlichen Temperaturen mit Familie oder lieben Nachbarn ganz entspannt draußen zu feiern, ist einfach herrlich! Haben Sie Lust auf eine Party unterm Himmelszelt? Dann nichts wie ran an den Grill, ganz egal ob mit Gemüse, Fleisch oder Fisch. Der Kreativität sind beim Grillen keine Grenzen gesetzt. Und in puncto Dekoration kann man jetzt aus dem Vollen schöpfen, schließlich beschert uns der Garten eine farbenfrohe Auswahl an Sommerblumen und bietet die perfekte Kulisse für ein genussvolles Gartenfest. Und mit kleinen Dekospielereien bekommt die Feierzone schließlich noch ein fröhliches Outfit.

HÄHNCHENSPIEßE MIT CHORIZO

FÜR 4 PORTIONEN

500 g Hähnchenbrustfilet
2 Knoblauchzehen
1 Rosmarinzweig
1 TL Korianderkörner
1 EL Edelsüßpaprika
6 EL Olivenöl
Salz
Pfeffer aus der Mühle
1 Zucchino
1 rote Paprikaschote
1 gelbe Paprikaschote
150 g Chorizo
Metall- oder Holzspieße

Das Fleisch waschen, trocken tupfen, in ca. 3 cm große Stücke schneiden und in eine Schüssel geben. Knoblauch schälen und fein hacken. Koriander im Mörser zerstoßen. Rosmarin waschen, trocken schütteln, die Nadeln abzupfen und fein hacken. Koriander, Knoblauch, Rosmarin, Edelsüßpaprika, Salz, Pfeffer und Olivenöl mit dem Hähnchenfleisch vermengen und das Ganze mindestens 2 Stunden zugedeckt im Kühlschrank durchziehen lassen.

Chorizo häuten und in Scheiben schneiden. Paprikaschoten halbieren, putzen, waschen und in Stücke schneiden. Zucchino putzen, waschen und in Scheiben schneiden. Das Fleisch aus der Marinade nehmen, gut abtropfen lassen oder mit Küchenpapier trocken tupfen. Die restliche Marinade zum Bestreichen zur Seite stellen. Dann abwechselnd Zucchinischeiben, Hähnchenwürfel, Paprika und Chorizo auf Metall- oder Holzspieße stecken. Die Fleischspieße auf dem heißen Holzkohlegrill oder in einer Grillpfanne unter gelegentlichem Wenden etwa 10–15 Min. grillen, zwischendurch mit der Marinade bestreichen. Die Spieße sollten gut gebräunt und gar sein. Dazu schmeckt ein BBQ-Salat und ein knusprig geröstetes Baguette.

BBQ-Salat

FÜR 4 PORTIONEN
1 rote Paprikaschote
1 gelbe Paprikaschote
1 Zucchino
1 Aubergine
3–4 Knoblauchzehen
2 Oreganozweige
3 Thymianzeige
6–8 EL Olivenöl
1 EL Zitronensaft
Salz
Pfeffer aus der Mühle

Zucchino und Aubergine putzen, waschen und in ca. 1 cm dicke Scheiben schneiden. Paprikaschoten putzen, waschen und in mundgerechte Stücke schneiden. Knoblauch schälen, fein hacken oder durch die Presse drücken. Die Kräuter waschen, trocken schütteln, die Blätter von den Stielen zupfen und ebenfalls fein hacken.

Kräuter, Olivenöl, Zitronensaft, Salz und Pfeffer mischen. Das Gemüse mit der Marinade vermengen, kalt stellen und abgedeckt 60 Min. durchziehen lassen. Anschließend das Gemüse in einer Alugrillschale oder Grillpfanne so verteilen, dass es nicht aufeinander liegt. Auf dem heißen Grill ca. 6–8 Min. grillen, dabei regelmäßig wenden. Gemüse auf einer Platte anrichten, bei Bedarf mit Salz und Pfeffer nachwürzen und etwas Olivenöl darüber träufeln.

In Öl ist Grillgemüse auch gut aufgehoben als Mitbringsel für die nächste Grillparty. Einfach in Gläser schichten und Olivenöl aufgießen, sodass alles gut bedeckt ist. Hält sich gekühlt etwa 2–3 Wochen.

Scharfer Paprika-Dip

3 rote Paprikaschoten
1 kleine Chilischote
2 Schalotten
2 Knoblauchzehen
4 Thymianzweige
3 EL Olivenöl
5 getrocknete Tomaten (in Öl)
4 EL Weißwein
4 EL Gemüsebrühe
Salz
Pfeffer aus der Mühle

Die Paprikaschoten putzen, waschen und in grobe Würfel schneiden. Chilischote längs halbieren, die Samen und Trennwände entfernen, waschen und fein hacken. Schalotten und Knoblauch schälen und würfeln. Thymian waschen, trocken schütteln, die Blättchen von den Stielen zupfen und fein hacken. Tomaten abtropfen lassen und grob würfeln. Olivenöl in einer Pfanne erhitzen. Paprika, Chili, Schalotten und Knoblauch dazugeben und unter Rühren anbraten, bis die Paprikawürfel gut gebräunt sind. Tomatenwürfel sowie die Hälfte des Thymians zugeben, unterrühren und mit Salz und Pfeffer würzen. Mit Weißwein ablöschen, einkochen lassen, dann die Gemüsebrühe dazugeben und das Ganze ca. 10 Min. zugedeckt bei mittlerer Hitze garen. Alles in ein hohes Gefäß geben, den restlichen Thymian zufügen und mit dem Stabmixer pürieren. Mit Salz und Pfeffer abschmecken und zu geröstetem Brot oder zu Würstchen und Fleisch reichen.

Tomaten-Salsa

500 g reife Tomaten
1 Schalotte
1 Knoblauchzehe
½ Chilischote
4 Stängel Koriander
Olivenöl
1-2 EL Limettensaft
Salz
Pfeffer aus der Mühle

Tomaten waschen, kreuzweise einritzen, dann für ca. 30 Sek. in kochendes Wasser geben und kalt abschrecken. Die Tomaten enthäuten, vierteln, entkernen und das Fruchtfleisch in kleine Würfel schneiden. Die Schalotte und den Knoblauch schälen und fein würfeln. Chilischote putzen, waschen und sehr fein hacken. Alle vorbereiteten Zutaten mit etwas Olivenöl in eine Schüssel geben, gut vermengen und mit Limettensaft, Salz und Pfeffer abschmecken. Die Salsa bis zum Anrichten kalt stellen. Koriander waschen, trocken schütteln, Blätter abzupfen, fein hacken und die Tomaten-Salsa mit Koriander bestreut servieren. Schmeckt zu gerilltem Fisch oder Geflügel.

Tzatziki

250 g Quark
200 g fettarmer Joghurt
1 Salatgurke
3-4 Knoblauchzehen
Olivenöl
Zitronensaft
Salz
Pfeffer aus der Mühle
1 Stängel Minze

Die Salatgurke schälen, längs halbieren, entkernen, in feine Würfel schneiden oder grob raspeln, salzen und in einem Sieb gut abtropfen lassen. Knoblauchzehen schälen und sehr fein hacken oder durch die Presse drücken. Minze waschen, trocken schütteln, Blättchen fein hacken. Joghurt und Quark in einer Schüssel verrühren. Gurken, Knoblauch und Minze unter den Joghurt-Quark heben. Mit Salz, Pfeffer, etwas Zitronensaft und Olivenöl abschmecken.
Tzatziki schmeckt pur auf einem knusprigen Baguette, zu gegrilltem Gemüse oder Fleisch.

Coca de Trampó

Für ½ Backblech

Teig
250 g Mehl
150 ml Wasser
75 ml Olivenöl
½ Pck. Backpulver
1 Prise Salz

Belag
1 Zwiebel
2-3 Knoblauchzehen
2 mittelgroße gelbe Paprikaschoten
1 mittelgroße rote Paprikaschote
2 Tomaten
1 EL Petersilie, fein gehackt
1 Spritzer Olivenöl
½ EL Edelsüßpaprika
Salz
Pfeffer aus der Mühle

Mehl, Backpulver und Salz in eine Schüssel sieben und eine Mulde hineindrücken. Die restlichen Zutaten dazugeben und zu einem geschmeidigen Teig verarbeiten. Den Teig ca. 30 Min. ruhen lassen.
Zwiebel und Knoblauch schälen und fein würfeln. Paprikaschoten halbieren, entkernen, waschen und in Würfel schneiden. Die Tomaten waschen, den Stielansatz entfernen, halbieren, entkernen und würfeln. Paprika, Tomaten, Petersilie, Zwiebel und Knoblauch in eine Schüssel geben und mit Edelsüßpaprika, Salz, Pfeffer und etwas Olivenöl mischen.
Backofen auf 200 ℃ vorheizen.
Den Teig auf einem mit Backpapier ausgelegten Backblech dünn zu einem Rechteck ausrollen und mehrmals mit einer Gabel einstechen.
Die Gemüsemischung gleichmäßig auf dem Teig verteilen und im vorgeheizten Backofen etwa 30 Min. backen. Etwas abkühlen lassen und servieren.
Schmeckt warm und kalt.

AROMEN AUS DEM KRÄUTERBEET

Wenn der Garten im Sommer eine Fülle betörender Kräuter hervorbringt, muss man daraus
einfach ein paar Köstlichkeiten zaubern. Beste Erntezeit für Kräuter ist der späte Vormittag.
Die intensiven Aromen geben pikanten Speisen, Desserts, Marinaden, Ölen oder Essig eine
wunderbar würzige Note. Und neben der kulinarischen Stärke haben die aromareichen Südländer
wie Lavendel, Salbei, Thymian oder Rosmarin auch noch eine sehr dekorative Seite.
Ich habe schon immer eine Vorliebe für getrocknete Kräuter, und ein duftendes Kräutersträußchen
wirkt wie ein Gruß direkt aus dem Süden.

LAVENDELSIRUP

200 g Zucker
150 ml Wasser
3 EL Zitronensaft
2 EL getrocknete Lavendelblüten

Das Wasser mit dem Zucker und Zitronensaft in einem Topf unter Rühren zum Kochen bringen, sodass sich der Zucker vollständig auflöst. Die Zuckerlösung ca. 5 Min. leicht köcheln lassen. Die Blüten in ein Gefäß geben, die Zuckerlösung darüber geben, umrühren und erkalten lassen. Das Gefäß verschließen und 1 Tag durchziehen lassen. Danach den Sud abseihen und in heiß ausgewaschene Flaschen abfüllen. Lavendelsirup eignet sich wunderbar zum Verfeinern von Gebäck und Desserts oder zur Herstellung von Limonade. Dafür benötigt man nichts weiter als Zitrone, ein paar Eiswürfel und Mineralwasser.

FOCACCIA MIT KRÄUTERN UND OLIVEN

FÜR 1 FLADEN
10,5 g Hefe
100 ml Wasser
200 g Mehl
1 Messerspitze Salz
2 EL Olivenöl
2 TL Rosmarin, fein gehackt
2 TL Thymian, fein gehackt
50 g Oliven, entsteint
grobes Meersalz
Olivenöl zum Beträufeln

Die Hefe in 100 ml lauwarmem Wasser auflösen. Das Mehl mit dem Salz mischen, in eine Schüssel sieben und eine Mulde in die Mitte drücken. Die Hefe und das Olivenöl dazugeben und mit dem Knethaken zu einem geschmeidigen Teig verarbeiten. Den Teig abdecken und an einem warmen Ort ca. 60 Min. gehen lassen. Dann den Teig auf einer bemehlten Arbeitsfläche nochmals gut durchkneten. Die Hälfte der Kräuter und Oliven zufügen und mit den Händen ca. 10 Min. kräftig durchkneten. Den Teig zu einem ovalen Fladen ausrollen, auf ein mit Backpapier ausgelegtes Backblech legen und mit den Fingern kleine Dellen hineindrücken. Mit den restlichen Oliven und Kräutern belegen, mit Meersalz bestreuen und mit Olivenöl beträufeln. Fladen nochmals 20 Min. gehen lassen. Den Backofen auf 200 °C vorheizen. Focaccia im vorgeheizten Backofen etwa 30–35 Min. backen. Herausnehmen und auf einem Gitter abkühlen lassen.

Marinierter Manchego

200 g Manchego
2 kleine Thymianzweige
1 Rosmarinzweig
3 frische Lorbeerblätter
2 Knoblauchzehen
½ Chilischote
Pfefferkörner
Olivenöl, kalt gepresst

Den Käse in Würfel schneiden. Die Kräuter waschen, trocken schütteln und die Blätter von den Stielen zupfen. Den Knoblauch schälen. Chilischote halbieren, Kerne und weiße Innenhäute entfernen, anschließend innen und außen unter kaltem Wasser abspülen.
Alle Zutaten abwechselnd in ein vorbereitetes Einmachglas schichten, komplett mit Öl bedecken und im Kühlschrank 5–6 Tage durchziehen lassen. Etwa drei Wochen haltbar.

Schafskäse mit Kräuterdressing

Für 2 Portionen
200 g Schafskäse
1 TL Sesamkörner
1 Tomate
2 EL Olivenöl
1 ½ EL Zitronensaft
1 TL Thymian, fein gehackt
½ TL Rosmarin, fein gehackt
1 Schalotte
1 Knoblauchzehe
Salz
Pfeffer aus der Mühle

Sesamkörner in einer beschichteten Pfanne ohne Fett unter Rühren rösten. Die Pfanne vom Herd nehmen und abkühlen lassen. Die Tomate waschen, Stielansatz entfernen, entkernen und in Würfel schneiden. Schalotte und Knoblauch schälen und fein würfeln. Tomatenwürfel in eine Schüssel geben. Aus Olivenöl und Zitronensaft ein Dressing anrühren und mit Salz und Pfeffer würzen. Kräuter, Schalotte und Knoblauch zufügen und gut mischen. Die Hälfte des Dressings über die Tomaten geben und leicht umrühren. Das restliche Dressing über den Käse geben, diesen abgedeckt 60 Min. kaltstellen. Die Käsemischung anrichten, mit der Hälfte der gerösteten Sesamkörner bestreuen. Tomaten darüber geben und mit dem restlichen Sesam bestreuen. Zum Salat, mit Baguette oder einfach pur genießen.

Ofentomaten mit Rosmarin und Thymian

Für 4 Portionen

400 g Tomaten
1 Knoblauchzehe
2 Thymianzweige
1 Rosmarinzweig
2 El Olivenöl
grobes Meersalz
Pfeffer aus der Mühle
Rohrzucker
Basilikumblätter zum Garnieren

Backofen auf 180 °C vorheizen.
Die Tomaten waschen, halbieren und die Stielansätze entfernen. Mit der Schnittfläche nach oben in eine ofenfeste Form setzen. Knoblauch schälen und fein hacken. Die Kräuter waschen, trocken schütteln, Thymianblättchen abzupfen und die Rosmarinnadeln fein hacken. Knoblauch, Olivenöl, Salz, Pfeffer und etwas Zucker mischen.
Die Tomatenhälften gleichmäßig damit beträufeln. Dann die Kräuter darüber geben.
Im vorgeheizten Ofen ca. 30–35 Min. backen. Mit Basilikum garnieren und servieren.
Die Tomaten schmecken als Beilage zu gegrilltem oder gebratenem Fleisch und Fisch oder pur auf geröstetem und mit Knoblauch eingeriebenem Ciabatta.

Marokkanischer Minztee

Für ca. 1,5 l
3 EL Grüner Tee
4 Stängel frische Marokkanische
  Minze
2 EL Rohrzucker
1 Prise Anis
Minze zum Garnieren

Den grünen Tee mit 250 ml kochendem Wasser übergießen, 1–2 Min. ziehen lassen und das Wasser vorsichtig wieder abgießen, sodass die Teeblätter in der Kanne verbleiben. Minze waschen, trocken schütteln und die Blättchen von den Stielen zupfen. Dann 1,5 l Wasser zum Kochen bringen. Minze, Zucker und Anis zu den gequollenen Teeblättern geben, das heiße Wasser aufgießen und den Tee 8-10 Min. ziehen lassen. Den Tee abseihen, in Teegläser füllen und eventuell nachsüßen. Heiß oder eiskalt mit einem Spritzer Zitronensaft und frischer Minze servieren.

MINZ-LIMONADE

FÜR CA. 2 L

3 Stängel frische Pfefferminze
2 Limetten
4 EL Rohrzucker
2 Flaschen kaltes Mineralwasser
Eiswürfel

Pfefferminze waschen, trocken schütteln und die Blätter von den Stielen zupfen. Zwei Handvoll Pfefferminzeblätter mit einem Liter kochendem Wasser übergießen und 10 Min. ziehen lassen. Dann durch ein Sieb in ein Gefäß gießen, den Zucker zufügen und abkühlen lassen. Mineralwasser mit dem Tee mischen. Limetten auspressen, den Saft zur Limonade geben und mit Eiswürfeln servieren. Die Gläser ganz nach Belieben mit Limettenscheiben oder Minze garnieren.

RUND UND KNACKIG

Ob zuckersüß oder sauer – Sommerzeit ist Kirschenzeit – und am besten schmecken die hellroten bis tiefdunklen Kugeln immer noch frisch vom Baum. Während die unwiderstehlichen Herz- und Knorpelkirschen gern pur vernascht werden, sind die säuerlichen Schattenmorellen als fruchtige Füllung in Kuchen, Desserts oder als Marmelade eine wahre Wonne! Die prallen, mit Vitaminen gefüllten Früchtchen aus regionalem Anbau, sind auf den Wochenmärkten zwischen Juni und August zu haben. Kirschen sind die ideale Nascherei für zwischendurch und schmecken einfach herrlich nach Sommer.

KIRSCH-MUFFINS

FÜR 6 MUFFINS
50 g Zartbitterschokolade
1 Ei
85 g Rohrzucker
1 Pck. Vanillezucker (Bio)
40 g zimmerwarme Butter
1 EL Backkakao
125 g Mehl
½ TL Natron
½ TL Backpulver
1 Prise Salz
110 ml Milch
6 EL Sauerkirschmarmelade
1 Muffinblech
6 Papierförmchen ca. 6 cm Ø

Backofen auf 200 ℃ vorheizen.
Die Schokolade fein raspeln. Das Ei in
eine Schüssel geben, Zucker zufügen
und schaumig schlagen. Dann die
Butter unterrühren. Mehl, Backpulver,
Natron und eine Prise Salz in eine
Schüssel sieben, mit Kakao und
Schokolade vermengen. Die Mischung
abwechselnd mit der Milch unter die
Eimasse rühren.
Die Mulden des Backblechs mit
Papierförmchen auskleiden und in
jedes Förmchen einen Esslöffel Teig
geben, darauf die Marmelade verteilen
und diese mit dem restlichen Teig
bedecken. Im vorgeheizten Backofen
ca. 15–20 Min. backen. Aus dem
Backofen nehmen und die Muffins
in der Form auskühlen lassen.
Die Muffins ganz nach Geschmack
mit Puderzucker oder einem
Sahne-Topping servieren.

KIRSCHMARMELADE

500 g entsteinte Sauerkirschen
500 g entsteinte Süßkirschen
500 g Gelierzucker 2:1
Saft von 1 Zitrone
Mark von 1 Vanilleschote
2-3 Tropfen Bittermandel-Aroma

Die Kirschen waschen, abtropfen
lassen, entsteinen und 1 kg abwiegen.
Kirschen gut zerkleinern, in einen Topf
geben, mit Gelierzucker, Zitronensaft,
Vanillemark und Bittermandel-Aroma
mischen und unter Rühren zum
Kochen bringen. Die Kirschkonfitüre
ca. 3 Min. sprudelnd kochen lassen.
Heiß in vorbereitete Gläser füllen,
fest verschließen und ca. 5 Min. auf
den Kopf stellen.

Kirsch-Clafoutis

Für eine Form (26 cm Ø)
500 g frische Süßkirschen
100 g Mehl
2 Eier
Mark 1 Vanilleschote
100 g Zucker
¼ l Milch
60 ml Creme double
50 g Butter
Puderzucker zum Bestäuben

Den Backofen auf 180 ℃ vorheizen.
Die Kirschen waschen und
entsteinen. Eine Auflaufform fetten
und die Kirschen darin verteilen.
Die Butter in einem Topf zerlassen.
Das Mehl in eine Schüssel sieben.
Eier dazugeben und zu einem
glatten Teig rühren. Zucker,
Vanillemark, Milch, Creme double
und Butter zufügen und verrühren.
Teigmasse über die Kirschen
verteilen und im vorgeheizten
Backofen 35–45 Min. backen
(Stäbchenprobe). Die Form aus
dem Backofen nehmen. Clafoutis
mit Puderzucker bestäuben und am
besten noch heiß mit Vanillesauce
oder Eis servieren.

MINI-KIRSCH-GUGELHUPF

FÜR EINE FORM (14 CM Ø)
80 g zimmerwarme Butter
2 Eier
80 g Rohrzucker
1 Pck. Vanillezucker (Bio)
½ TL Zitronenabrieb (Bio)
100 g Speisequark 40 %
100 g Mehl
1 TL Speisestärke
1 TL Backpulver
1 Prise Salz
150 g Sauerkirschen
2 Tropfen Bittermandel-Aroma
Puderzucker zum Bestäuben

Die Eier trennen. Eigelb und Butter in einer Rührschüssel schaumig schlagen.
Zucker, Vanillezucker, Bittermandel-Aroma und Zitronenabrieb unterrühren.
Nun den Quark einrühren, bis eine cremige Masse entsteht. Das Mehl, eine Prise
Salz, Speisestärke und Backpulver gut vermischen, in die Rührschüssel sieben
und unterrühren. Das Eiweiß steif schlagen und vorsichtig unterheben.
Die Gugelhupf-Form gut einfetten und mit Semmelbröseln bestreuen.
Backofen auf 180 °C vorheizen.
Die Kirschen waschen, abtropfen lassen und entsteinen. Ein Drittel der
Teigmasse in die Form geben und die Hälfte der Kirschen darauf verteilen.
Die Kirschen mit einer zweiten Schicht Teig bedecken und darauf die restlichen
Kirschen verteilen. Diese mit dem restlichen Teig bedecken und glatt streichen.
Im vorgeheizten Backofen ca. 40–50 Min. backen (Stäbchenprobe).
Den Gugelhupf auf einem Kuchengitter auskühlen lassen, aus der Form lösen
und mit Puderzucker bestäuben.

BEERENSTARKE KRAFTPAKETE

Sommerzeit ist Beerenzeit. Die Natur beschenkt uns jetzt mit einer reichen Auswahl heimischer Beerenfrüchte, ob selbst geerntet oder frisch vom Wochenmarkt, stehlen sie jetzt so manchem Gemüse die Show. Obwohl, botanisch betrachtet ist nicht alles, was sich Beerenfrucht nennt, auch wirklich eine Beere. Egal, Himbeeren, Brombeeren, Heidelbeeren, Stachel- oder Johannisbeeren schmecken nicht nur kleinen Naschkatzen, die Vitaminbomben sind kalorienarm und schonen die Figur. Außerdem verleihen die wohlschmeckenden Beerenfrüchte Desserts, Torten oder Kuchen eine sommerliche Frische. Um das „Beerenglück" nach vorheriger wochenlanger Pflege noch länger zu erhalten, heißt es jetzt die Früchte zu konservieren. Mit dem Vitaminvorrat kann man dann im Herbst und Winter die Süße des Sommers noch einmal in vollen Zügen genießen.

Panna Cotta mit Himbeeren

Für 4 Portionen

400 ml süße Sahne
100 g Zucker
100 ml Milch
1 Pck. Gelatine
1 Vanilleschote
250 g Himbeeren
40 g Rohrzucker
1 Pck. Vanillezucker (Bio)

Die Vanilleschote längs aufschneiden und das Mark herauskratzen. Die Sahne mit dem Zucker, Vanillemark und -schote unter ständigem Rühren zum Kochen bringen, dann die in Milch angerührte Gelatine dazugeben und das Ganze nochmals aufkochen lassen. Die Vanilleschote wieder entfernen. Vanillesahne etwa zwei Drittel hoch in 4 kleine Gläser füllen und zugedeckt über Nacht im Kühlschrank fest werden lassen.

Die Himbeeren kurz unter kaltem Wasser abbrausen, mit beiden Zuckersorten in ein hohes Gefäß geben und mit dem Stabmixer pürieren. Die Himbeersauce gleichmäßig auf der Panna Cotta verteilen und mit ganzen Früchten und Minze garnieren.

JOHANNISBEERGELEE

1 kg Johannisbeeren
350 ml Wasser
1 kg Gelierzucker 1:1

Basis für Johannisbeergelee
ist Johannisbeersaft. Dafür die
Johannisbeeren abspülen, abtropfen
lassen und mit einer Gabel von den
Rispen streifen. Die Beeren in einen
großen Topf geben, das Wasser
zufügen und zum Kochen bringen.
Die Johannisbeeren ca. 10 Min. unter
Rühren köcheln lassen. Anschließend
abseihen, den Saft auffangen und bei
Bedarf Wasser auffüllen, sodass man
1 Liter Flüssigkeit erhält.
Johannisbeersaft und Gelierzucker in
einem Topf gut verrühren und zum
Kochen bringen. Unter ständigem
Rühren mindestens 3 Min. sprudelnd
kochen lassen. Heiß in vorbereitete
Gläser füllen und verschließen,
umdrehen und etwa 5 Min. auf dem
Kopf stehen lassen.

Rote Grütze
mit Johannisbeeren

Für 4 Portionen
500 ml Johannisbeersaft
250 g Johannisbeeren
125 g Rohrzucker
Mark von 1 Vanilleschote
3 EL Stärkemehl

Johannisbeersaft mit Vanillemark und Zucker zum Kochen bringen.
Die Speisestärke mit etwas kaltem Wasser verrühren, in den kochenden Johannisbeer-Zucker-Saft einrühren und erneut aufkochen.
Den Topf vom Herd nehmen und sobald die Masse etwas abgekühlt ist, die Johannisbeeren unterheben.
Die Rote Grütze in Gläser füllen und kalt stellen. Mit geschlagener Sahne oder Vanillesauce anrichten.

STACHELBEER-CHUTNEY

750 g Stachelbeeren
1 große rote Zwiebel
2 Knoblauchzehen
1 kleine grüne Chilischote,
  fein gehackt
10 g Ingwer
2 EL Rapsöl

3 Thymianzweige
3 Majoranzweige
300 g Rohrzucker
100 ml Weißweinessig
100 ml Aceto Balsamico
1 gehäuften TL Senfkörner
½ TL Salz

Stachelbeeren waschen, Stiel- und Blütenansatz entfernen. Zwiebel und Knoblauch schälen und in kleine Würfel schneiden. Ingwer schälen und fein würfeln. Öl in einem Topf erhitzen, Knoblauch und Ingwer kurz darin andünsten. Die Zwiebelwürfel dazugeben und bei mittlerer Hitze anschwitzen, gelegentlich umrühren. Stachelbeeren, Zucker, Weißweinessig und Aceto Balsamico in den Topf geben und das Ganze unter Rühren aufkochen lassen. Kräuter waschen, trocken schütteln, die Blätter von den Zweigen zupfen und fein hacken. Chutney mit Kräutern, Senfkörnern, Chili und Salz würzen und bei milder Hitze ohne Deckel etwa 90 Min. einkochen lassen. Zwischendurch immer wieder umrühren. Zum Schluss das Chutney abschmecken und heiß in saubere Gläser füllen und diese sofort verschließen.

ÜBERBACKENE STACHELBEEREN

FÜR 4 PORTIONEN
600 g rote Stachelbeeren
6 EL Rohrzucker
4 Eigelbe
1 TL Zitronenabrieb (Bio)
1 TL Orangenabrieb (Bio)
Mark von 1 Vanilleschote
2 EL Mehl
2 Eiweiß
1 Prise Salz
Puderzucker zum Bestäuben
Vanilleeis

Backofen auf 200 °C vorheizen.

Stachelbeeren mit kaltem Wasser abbrausen, abtropfen lassen und putzen. Die Beeren in eine gefettete, ofenfeste Form geben und 2 EL Zucker darüber streuen.

Eigelb in eine Rührschüssel geben, restlichen Zucker, Vanillemark, Zitronen- und Orangenabrieb zufügen und mit dem Handrührgerät schaumig schlagen. Eiweiß mit einer Prise Salz steif schlagen. Mehl unter die Eigelb-Masse rühren und zum Schluss das Eiweiß unterheben.

Die Ei-Mischung gleichmäßig auf den Stachelbeeren verteilen und im vorgeheizten Backofen ca. 35–40 Min. goldbraun backen. Heiß anrichten, mit Puderzucker bestäubt und Vanilleeis servieren.

FROZEN JOGHURT MIT MÜSLI UND BEEREN

Joghurt in eine Schüssel geben, mit dem Handmixer cremig rühren und den Zucker nach und nach unterrühren. Vanillezucker zufügen und das Ganze zu einer glatten Creme verrühren. Die Masse für einige Stunden ins Gefrierfach stellen und mehrfach umrühren. Ist die Mischung gut durchgefroren, aber trotzdem noch cremig, dann ist der Frozen Joghurt fertig.

Beeren verlesen, vorsichtig abbrausen und eventuell halbieren. Frozen Joghurt in vier Gläser verteilen und Müsli dazugeben. Mit den Beeren belegen und sofort mit frischer Minze garniert servieren.

FÜR 4 PORTIONEN
400 g Joghurt
40-50 g Puderzucker
1 Pck. Vanillezucker (Bio)

TOPPING
200 g Bio-Crunchy-Müsli
400 g Beerenfrüchte
Minze

Heidelbeer-Muffins

Für 12 Muffins
150 g Heidelbeeren
100 g weiche Butter
125 g Zucker
1 Pck. Vanillezucker (Bio)
1 Prise Salz
½ TL Zitronenabrieb (Bio)
2 Eier
200 g Weizenmehl
1 TL Backpulver
2 EL Milch
Muffinblech
12 Papierförmchen

Den Ofen auf 200 °C vorheizen. Die Heidelbeeren waschen und gut abtropfen lassen. Butter in eine Rührschüssel geben und mit dem Handmixer geschmeidig rühren. Nach und nach Zucker, Vanillezucker, Salz und Zitronenabrieb einrühren, sodass eine homogene Masse entsteht. Die Eier nacheinander unterrühren. Mehl mit Backpulver mischen, einsieben und unterrühren. Zum Schluss zwei Drittel der Heidelbeeren vorsichtig unter den Teig heben. Die Mulden des Backblechs mit Papierförmchen auskleiden. Die Förmchen gleichmäßig mit dem Teig füllen. Die restlichen Beeren oben in den Teig drücken und die Muffins im vorgeheizten Backofen ca. 25 Min. backen. Aus dem Backofen nehmen und in der Form auskühlen lassen. Heidelbeer-Muffins mit Puderzucker bestäuben und servieren.

French Toast

Für 4 Portionen
160 ml Milch
4 Eier
2 EL Rohrzucker
1 Pck. Vanillezucker (Bio)
eine Prise Salz
8 Scheiben Toast
Butter zum Braten
Kanadischer Ahornsirup
350 g Beerenfrüchte

Milch, Eier, Zucker, Vanillezucker und Salz in einer flachen Schüssel glatt rühren. Die Toastscheiben nacheinander in die Milch-Ei-Masse tauchen. Butter in einer beschichteten Pfanne erhitzen und die Brotscheiben bei mittlerer Hitze auf beiden Seiten goldbraun ausbacken. Warm anrichten, mit frischen Beeren und Ahornsirup servieren und ganz nach Geschmack mit Puderzucker bestäuben.

Quark-Sahne-Schnitten mit Früchten

Für 6 Stück

9 quadratische Scheiben Blätterteig
   (TK, ca. 400 g)
1 EL Butter
70 g Zucker
100 ml süße Sahne
2 El Honig
100 g gehackte Mandeln

Füllung

100 ml Sahne
100 g Quark
1 Pck. Sahnesteif
½ TL Zitronenabrieb (Bio)
1-2 EL Puderzucker
100 g Beerenfrüchte nach Wahl

Die Blätterteigscheiben nebeneinander auf eine bemehlte Arbeitsfläche legen und auftauen lassen. Backofen auf 200 °C vorheizen.

Die Butter in einen Topf geben, mit Zucker, Sahne und Honig aufkochen und die Mandeln unterheben. 6 Blätterteigscheiben mit der Mandelmasse bestreichen, ein Backblech mit Backpapier auslegen, die bestrichenen und unbestrichenen Teigscheiben drauflegen und im vorgeheizten Backofen etwa 15 Minuten backen. Die bestrichenen Teigscheiben noch heiß diagonal durchschneiden, sodass 12 Dreiecke

entstehen. Die drei unbestrichenen Blätterteigscheiben vorsichtig waagerecht durchschneiden, sodass 6 Quadrate entstehen.

Für die Füllung Sahne, Sahnesteif, Quark, Zitronenabrieb und Puderzucker steif schlagen. Dann die Früchte unterheben, jedoch einige davon zum Anrichten zurückbehalten. Die unbestrichenen Teigscheiben gleichmäßig mit der Füllung bedecken. Je 2 Mandeldreiecke fächerartig in die Füllung stecken und mit ein paar Früchten garnieren.

Ein himmlisches Trio

Während der Sommermonate sind die süßen und saftigen Aprikosen, Pfirsiche und Nektarinen wieder in den Auslagen der Wochenmärkte zu finden und lassen uns quasi das Wasser im Mund zusammenlaufen. Die wärmebedürftigen Steinobstsorten Pfirsich und Aprikose sind eng miteinander verwandt, und die Nektarine, als Dritte im Bunde, gilt als Mutante des Pfirsichs. Das Trio unterscheidet sich in Geschmack, Schale und Struktur. Neben dem puren Genuss eignen sich die runden Sommerfrüchte hervorragend für Kuchen, Desserts oder Marmelade. Und mit Curry gewürzt harmoniert das Team wunderbar zu Gegrilltem.

Pfirsichmarmelade mit Ingwer

1 kg Pfirsiche
15 g Ingwer
Saft und Abrieb von 1 Limette (Bio)
Gelierzucker (3:1)
Saft von 1 Zitrone

Pfirsiche waschen und die Haut entfernen, ich verwende dafür einen Sparschäler. Die Früchte halbieren, vom Stein lösen und das Fruchtfleisch in Würfel schneiden.

Fruchtwürfel abwiegen und in einen großen Topf geben. Ingwer schälen und fein würfeln. Limettensaft und -abrieb, Ingwer und Zitronensaft zum Fruchtfleisch geben und alles gut vermengen. Die Mischung 30 Min. ziehen lassen.

Anschließend den Gelierzucker nach Packungsanweisung dazugeben, die Masse unter Rühren zum Kochen bringen und 3 Min. sprudelnd kochen lassen, dabei immer wieder umrühren. Die Pfirsich-Ingwer-Marmelade noch heiß in vorbereitete Gläser füllen, fest verschließen, umdrehen und etwa 5 Min. auf dem Kopf stehen lassen.

Curry-Pfirsich

Für 4 Portionen

4 Pfirsiche
4 Thymianzweige
1 Rosmarinzweig
2 EL Zitronensaft
4 EL Olivenöl
2 TL Limetten-Curry
2 TL Rohrzucker
Salz
Roter Pfeffer

Die Pfirsiche waschen, trocken tupfen, halbieren und den Stein entfernen. Die Kräuter waschen, trocken schütteln. Thymianblättchen und Rosmarinnadeln abstreifen und klein hacken. Zitronensaft, Kräuter, Olivenöl, Curry und Zucker zu einer Marinade verrühren und die Pfirsichhälften damit bestreichen. Die Pfirsichhälften mit der Schnittfläche nach unten auf den heißen Grill legen und bräunen lassen, dann umdrehen und auf der Hautseite fertig grillen. Zum Schluss mit Salz und Pfeffer würzen. Dazu passt gegrillter Käse, ein grüner Salat und Crostini.

GRATINIERTE PFIRSICHE

FÜR 4 PORTIONEN
2 mittelgroße Pfirsiche
30 g gehackte Walnusskerne
1 EL brauner Zucker
1 TL Vanillezucker (Bio)
1 TL Zitronenabrieb (Bio)
2 EL Butter
4 Kugeln Vanilleeis

Pfirsiche waschen, trocken reiben, halbieren und den Stein entfernen. Walnusskerne in einer beschichteten Pfanne ohne Fett rösten. Rohrzucker, Vanillezucker und Zitronenabrieb vermischen.

In einer Pfanne Butter erhitzen und die Pfirsiche mit der Schnittfläche nach unten bei starker Hitze etwa 2–3 Min. braten. Wenden, mit der Zuckermischung bestreuen und zugedeckt noch weitere 5 Min. braten. Zwischendurch mit der Butter-Zuckermischung beträufeln. Heiß anrichten, mit einer Kugel Eis und Walnusskernen servieren.

LAVENDEL-PFIRSICH-DESSERT

FÜR 4 PORTIONEN
3-4 Pfirsiche
20 g Butter
4 TL Akazien-Honig
200 g Mascarpone

200 g Joghurt
80 g Amarettini
2 EL Lavendelsirup

Pfirsiche waschen, die Haut entfernen, halbieren, entsteinen und in Spalten schneiden. Butter in einer Pfanne schmelzen lassen und die Pfirsichspalten etwa 2–3 Min. darin anbraten. Den Honig hinzufügen, einmal aufkochen und die Pfanne vom Herd nehmen.

Die Amarettini zerbröseln. Mascarpone mit Joghurt und Lavendelsirup glatt rühren. Zwei Drittel der Pfirsiche auf vier Gläser verteilen. Darauf die Hälfte der Mascarponecreme geben und mit Amarettini bedecken. Die Gläser mit Creme auffüllen und mit restlichen Pfirsichspalten garnieren.

Nektarinen-Lavendel-Tarte

Mehl in eine Schüssel sieben, Salz, Zucker und Ei dazugeben und verrühren. Dann die Butter unter den Teig mengen. Den Teig zu einer Kugel formen, in Klarsichtfolie wickeln und für ca. 30 Minuten kalt stellen.

Den Backofen auf 180 °C vorheizen.

Honig oder Marmelade in einem Topf erhitzen, Topf vom Herd nehmen und zur Seite stellen. Den Teig auf einer bemehlten Arbeitsfläche etwas größer als die Backform ausrollen. Die gefettete Backform mit dem Teig auskleiden und den Rand hochziehen. Mit einer Gabel mehrfach in den Boden stechen.

Nektarinen waschen, entsteinen, in Spalten schneiden und diese gleich-mäßig auf dem Teigboden verteilen. Mit Honig bzw. Marmelade und Lavendelblüten bedecken und im vorgeheizten Backofen ca. 30–35 Min. backen. Auskühlen lassen und mit Vanilleeis servieren.

Für eine Backform (20 cm Ø)
160 g Mehl
100 g Butter (zimmerwarm)
50 g Rohrzucker
1 Pck. Vanillezucker (Bio)
1 Ei
1 Prise Salz
3 - 4 Nektarinen
4 EL Honig oder Marmelade,
    z.B. Aprikose
1 TL getrocknete Lavendelblüten

Nektarinen-Joghurt-Drink

Für 3 Gläser
4 Nektarinen
1 EL Zitronensaft
3 TL Honig
1 Messerspitze Zimt
250 ml Joghurt

Von den Nektarinen die Haut entfernen, halbieren, entsteinen und das Fruchtfleisch in grobe Stücke schneiden. Nektarinen, Zitronensaft, Honig, Zimt und Joghurt in ein hohes Rührgefäß geben und mit dem Mixstab pürieren. Für 30 Min. kalt stellen, dann in Gläser füllen und servieren.

APRIKOSEN-PAPRIKA-SALSA

FÜR 5-6 PORTIONEN

300 g Aprikosen
1 rote Paprikaschote
1 kleine rote Chilischote
1 Frühlingszwiebel
1 Knoblauchzehe
1 TL Zitronenabrieb (Bio)
1 EL Zitronensaft
5 EL Olivenöl
Salz
Pfeffer aus der Mühle

Die Aprikosen waschen, halbieren, entsteinen und in kleine Würfel schneiden. Paprikaschote halbieren, putzen, waschen, mit einem Sparschäler die Haut entfernen und fein würfeln. Chilischote längs halbieren, die Samen und Trennwände entfernen, gründlich abspülen und fein hacken.

Frühlingszwiebel putzen, waschen und in feine Streifen schneiden. Aprikosen, Paprika, Chili und die Frühlingszwiebel in eine Schüssel geben.

Knoblauch schälen und fein hacken. Aus Knoblauch, Zitronenabrieb, Zitronensaft, Salz, Pfeffer und Olivenöl eine Marinade anrühren.

Die Marinade in die Schüssel geben und alles gut vermischen. Salsa abschmecken mit Klarsichtfolie abdecken, kalt stellen und mindestens 30 Min. durchziehen lassen.

Aprikosen-Paprika-Salsa schmeckt als aromatischer Belag auf Crostini, z.B. mit Ziegenkäse, oder auch als Dip zu Gegrilltem.

Aprikosen-Crêpes

Für 8-10 Crêpes

500 g Aprikosen
5 EL Aprikosenlikör
40 g Mehl
¼ l Milch
1 Prise Salz
1 Prise Zucker
2 Eier
Rapsöl zum Ausbacken
1/8 l Sahne
1 Tafel Mokka-Sahne-Schokolade

Aprikosen waschen, schälen, halbieren, entsteinen und die Früchte in Spalten schneiden. Die Spalten in eine Schüssel geben, den Likör dazugeben und zugedeckt über Nacht ziehen lassen.

Mehl und Milch in einer Schüssel nach und nach glatt rühren. Salz und Zucker zugeben und mindestens 30 Min. quellen lassen. Dann die Eier unterschlagen.

Eine Pfanne mit etwas Fett ausstreichen und erhitzen. Eine Kelle Teig in die Pfanne geben und aus dem Teig nacheinander 8–10 Crêpes beidseitig in jeweils ½ TL Öl backen. Die fertigen Crêpes warmhalten.

Schokoladentafel in Stücke brechen. Die Sahne erwärmen und die Schokolade darin schmelzen. Die eingelegten Aprikosen abtropfen lassen, die Crêpes damit füllen und auf vorgewärmte Teller legen. Aprikosenlikör vom Marinieren in die Schokolade rühren und die Crêpes mit der Schokoladensauce anrichten.

SOMMERAUSKLANG

Bald ist es wieder so weit: Sommer,
Sonne und laue Nächte sind vorbei.
Doch bevor der Herbst endgültig
Einzug hält, lockt ein herrlicher
Spätsommerabend ins Freie. Eine gute
Gelegenheit, zu zweit oder gemeinsam
mit Familie, Freunden oder Nachbarn
noch einmal im Garten zu feiern.
Mit leicht wehmütiger Stimmung, einem
Gläschen Wein, kleinen Snacks und
Kerzenschein, der nach Sonnenuntergang
für eine angenehme Atmosphäre sorgt.
So lassen wir die schönste Zeit des
Jahres langsam ausklingen, und das
ganz nach dem Motto: Adieu, lieber
Sommer ... bis nächstes Jahr!

Rezeptverzeichnis

Rezeptverzeichnis

DANKE

Dankeschön sage ich in erster Linie meinem lieben Mann, der mir wieder einmal mit Rat und Tat zur Seite stand und mich bei meinen, manchmal recht spontanen, Ideen großartig unterstützt hat. Ganz besonders danke ich ihm für die vielen Stunden, die er bei Wind und Wetter im Garten gewerkelt hat, um mir den lang gehegten Wunsch von einem „kleinen Kochsalon" im Grünen zu erfüllen, in dem ich die frische Ernte aus dem Küchenbeet verarbeiten und auf den Teller zaubern kann. Und alles, was ich meinem Mann aufgetischt habe, hat er als Testesser nicht nur beurteilt, sondern auch gern verspeist. Lieber Jürgen, ohne Dich gäbe es dieses Buch nicht ... Du bist ein Schatz!

Ein großes Dankeschön geht an meine Familie, Freunde und Nachbarn, schön, dass ich Euch immer wieder mit meinen Ideen begeistern kann.

Ich bedanke mich bei Frau Förster und Frau Herbst vom Busse Verlag für das Vertrauen und die Möglichkeit, mein Buchprojekt realisieren zu dürfen. Mein besonderer Dank gilt Ihnen für Ihre unverzichtbare Unterstützung, wertvollen Tipps und die herzliche Zusammenarbeit.

© Busse Verlag GmbH, Bielefeld 2017
Fotos, Rezepte und Text: Barbara Baumann
Druck und Herstellung: DZS Grafik d.o.o., Ljubljana, Slowenien
ISBN 978-3-512-04078-8

www.bussecollection.de